French as a Foreign Language

for Cambridge IGCSE™

WORKBOOK

Abigail Duggan, Andrew Loughe & Jane Mansfield

Second edition with Digital access

Shaftesbury Road, Cambridge CB2 8EA, United Kingdom

One Liberty Plaza, 20th Floor, New York, NY 10006, USA

477 Williamstown Road, Port Melbourne, VIC 3207, Australia

314–321, 3rd Floor, Plot 3, Splendor Forum, Jasola District Centre, New Delhi – 110025, India

103 Penang Road, #05–06/07, Visioncrest Commercial, Singapore 238467

Cambridge University Press & Assessment is a department of the University of Cambridge.

We share the University's mission to contribute to society through the pursuit of education, learning and research at the highest international levels of excellence.

www.cambridge.org
Information on this title: www.cambridge.org/9781009823678

© Cambridge University Press & Assessment 2026

This publication is in copyright. Subject to statutory exception and to the provisions of relevant collective licensing agreements, no reproduction of any part may take place without the written permission of Cambridge University Press & Assessment.

First published 2017
Revised edition 2021
20 19 18 17 16 15 14 13 12 11 10 9 8 7 6 5 4 3 2 1

Printed in the Netherlands by Wilco BV

A catalogue record for this publication is available from the British Library

ISBN 978-1-009-82367-8 Workbook with digital access

Additional resources for this publication at www.cambridge.org/9781009823678

Cambridge University Press & Assessment has no responsibility for the persistence or accuracy of URLs for external or third-party internet websites referred to in this publication and does not guarantee that any content on such websites is, or will remain, accurate or appropriate.

For EU product safety concerns, contact us at Calle de José Abascal, 56, 1°, 28003 Madrid, Spain, or email eugpsr@cambridge.org.

2025 Cambridge Dedicated Teacher Awards

Our **Cambridge Dedicated Teacher Awards** are an opportunity to show appreciation for the incredible work teachers do every day.

Thank you to everyone who nominated this year; we have been inspired and moved by all of your stories. Well done to all of our nominees for your dedication to learning and for inspiring the next generation of thinkers, leaders and innovators.

Congratulations to our winners!

Global Winner
Sub-Saharan Africa
Portia Dzilah
Pakro-Adjinase St. James Anglican Basic School, Ghana

East Asia
Yun Xie
Yew Wah International Education School of Shanghai Lingang, China

Europe
Oleksandr Zhuk
Zaporizhzhia Special Comprehensive Boarding Xchool, Dzherelo, Ukraine

Latin America
Eduardo Pérez
Instituto Técnico Guaimaral, Colombia

North America
Isabel de Feria
Marjory Stoneman Douglas Elementary, USA

Middle East and North Africa
Farrukh Saleem
Pakistan International School Jeddah English Section, Saudi Arabia

Pakistan
Adnan Ahmed Usmani
Bahria Town School and College, Pakistan

South Asia
Sakina Bharmal
The Galaxy School - Wadi, India

Southeast Asia & Pacific
Polly Neville
Denla British School Bangkok, Thailand

For more information about our dedicated teachers and their stories, go to **dedicatedteacher.cambridge.org**

Endorsement statement

Endorsement indicates that a resource has passed Cambridge International's rigorous quality-assurance process and is suitable to support the delivery of a Cambridge International syllabus. However, endorsed resources are not the only suitable materials available to support teaching and learning, and are not essential to be used to achieve the qualification. Resource lists found on the Cambridge International website will include this resource and other endorsed resources.

Any example answers to questions taken from past question papers, practice questions, accompanying marks and mark schemes included in this resource have been written by the authors and are for guidance only. They do not replicate examination papers. In examinations the way marks are awarded may be different. Any references to assessment and/or assessment preparation are the publisher's interpretation of the syllabus requirements. Examiners will not use endorsed resources as a source of material for any assessment set by Cambridge International.

While the publishers have made every attempt to ensure that advice on the qualification and its assessment is accurate, the official syllabus, specimen assessment materials and any associated assessment guidance materials produced by the awarding body are the only authoritative source of information and should always be referred to for definitive guidance. Cambridge International recommends that teachers consider using a range of teaching and learning resources based on their own professional judgement of their students' needs.

Cambridge International has not paid for the production of this resource, nor does Cambridge International receive any royalties from its sale. For more information about the endorsement process, please visit www.cambridgeinternational.org/endorsed-resources

Cambridge International copyright material in this publication is reproduced under licence and remains the intellectual property of Cambridge Assessment International Education.

Third party websites and resources referred to in this publication have not been endorsed by Cambridge Assessment International Education.

> Table des matières

	Comment utiliser cette série	v
	Top départ !	1
Unité 1	Salut	7
Unité 2	À la maison	16
Unité 3	On s'amuse	28
Unité 4	Prêt-à-porter	38
Unité 5	Bon appétit	53
Unité 6	Aïe, ça fait mal	61
Unité 7	Bougeons	71
Unité 8	Vive les vacances	79
Unité 9	On y va	94
Unité 10	Restons connectés	102
Unité 11	Planète bleue, planète verte	113
Unité 12	Nos espaces de vie	122
Unité 13	À l'école	134
Unité 14	Citoyen du monde	142
Unité 15	Le monde du travail	152
Unité 16	C'est la fête	160

Comment utiliser cette série

Cette collection de ressources accompagne les apprenants et enseignants travaillant sur le programme IGCSE™ et IGCSE (9–1) French syllabus (0520/7156). Tous les éléments de la collection ont été conçus pour s'accorder et aider les apprenants à développer les connaissances et les compétences nécessaires.

Le livre de l'élève a été conçu pour être utilisé en classe par les apprenants, sous la supervision d'un enseignant. Il se compose d'une unité initiale et de seize unités qui couvrent une grande variété de thèmes, assurant une compréhension globale de la langue et culture francophones. Chaque unité se compose de sections Vocabulaire et Grammaire ainsi que d'activités visant à développer les quatre compétences (parler, écouter, lire et écrire), permettant aux apprenants de mettre leurs acquis en application.

Des encadrés (conseils, culture, outils de langue) fournissent des informations additionnelles tout au long du livre, permettant aux apprenants de développer leur compréhension de la langue et de la culture.

Une version numérique du livre de l'élève est incluse avec la version papier et est disponible séparément.

Le cahier d'activités renforce ce qui a été appris dans le livre de l'élève. Il peut être utilisé de façon flexible, soit par l'enseignant en classe, soit en autonomie par l'apprenant, à la maison. Le cahier d'activités correspond à la structure du livre de l'élève, ce qui permet une navigation efficace. Il se compose d'activités de niveaux différents, pour aider l'enseignant dans son travail avec des classes hétérogènes et pour aider les apprenants à prendre confiance en eux grâce à des activités adaptées à leur niveau. Le cahier d'activités se compose également d'unités récapitulatives (après les unités paires) et d'unités d'évaluation, permettant aux apprenants d'évaluer leurs compétences.

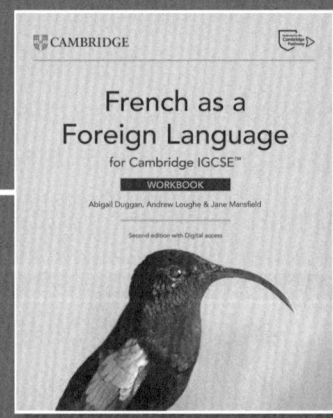

Le guide pédagogique numérique fournit aux enseignants tout ce dont ils ont besoin pour utiliser cette collection de ressources. Il déborde d'idées à mettre en pratique en classe, de suggestions pour l'enseignement de classes hétérogènes ainsi que des conseils pour évaluer les apprenants et leur donner des devoirs. D'autres ressources sont également disponibles, comme des fiches d'activité, les transcriptions des pistes audio et les réponses aux activités du livre de l'élève et du cahier d'exercice.

Top départ !

Salut !

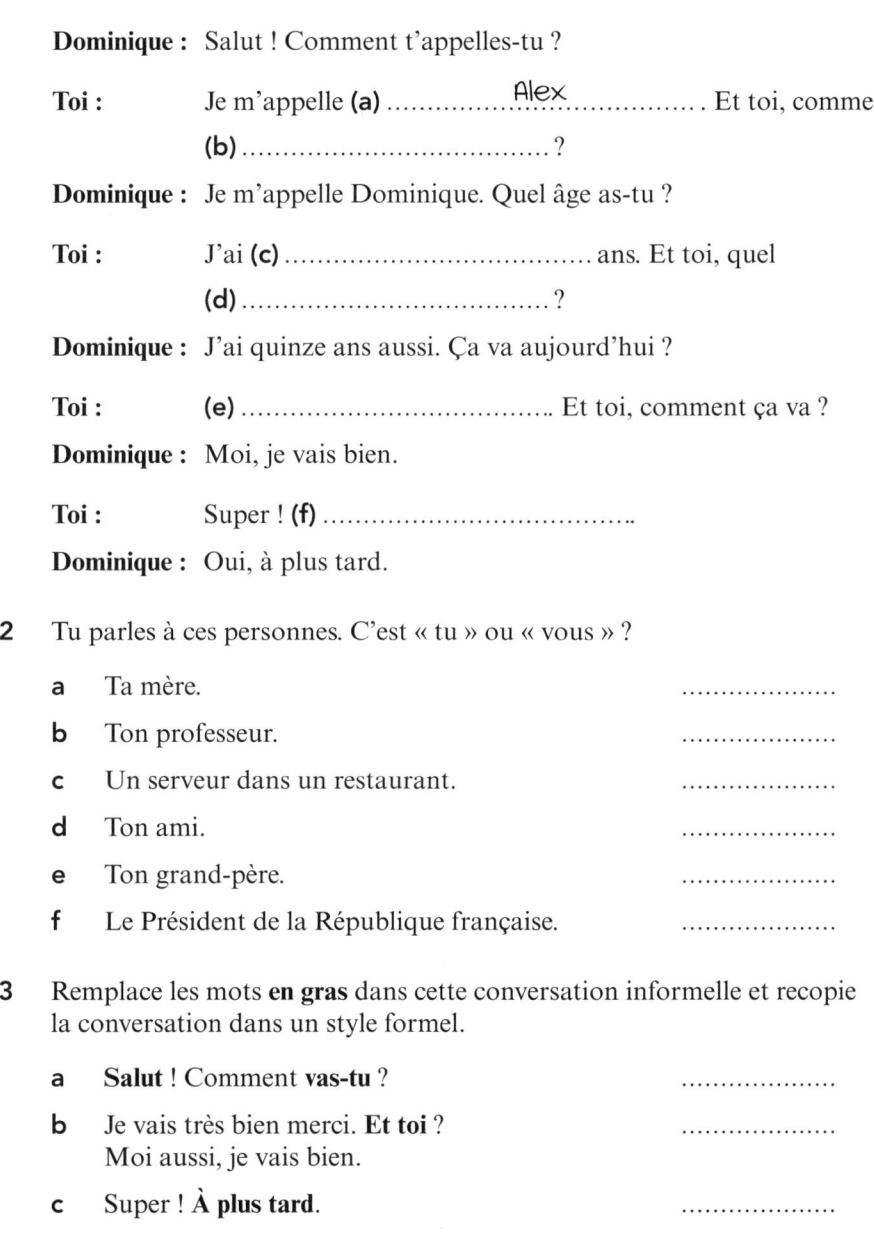

1   Tu rencontres Dominique. Complète la conversation.

> À bientôt   âge as-tu   t'appelles-tu
> quinze   Alex   Oui, ça va bien, merci

Dominique : Salut ! Comment t'appelles-tu ?

Toi : Je m'appelle **(a)** ....Alex........ . Et toi, comment **(b)** .... ?

Dominique : Je m'appelle Dominique. Quel âge as-tu ?

Toi : J'ai **(c)** .... ans. Et toi, quel **(d)** .... ?

Dominique : J'ai quinze ans aussi. Ça va aujourd'hui ?

Toi : **(e)** .... Et toi, comment ça va ?

Dominique : Moi, je vais bien.

Toi : Super ! **(f)** ....

Dominique : Oui, à plus tard.

2   Tu parles à ces personnes. C'est « tu » ou « vous » ?

  a   Ta mère.   ....
  b   Ton professeur.   ....
  c   Un serveur dans un restaurant.   ....
  d   Ton ami.   ....
  e   Ton grand-père.   ....
  f   Le Président de la République française.   ....

3   Remplace les mots **en gras** dans cette conversation informelle et recopie la conversation dans un style formel.

  a   **Salut** ! Comment **vas-tu** ?   ....
  b   Je vais très bien merci. **Et toi** ?
      Moi aussi, je vais bien.   ....
  c   Super ! **À plus tard**.   ....

Couleurs et numéros

4   Écris la couleur qui convient le mieux. Tu peux utiliser un dictionnaire.

   a   C'est la couleur du ciel quand il fait beau :   ....
   b   C'est la couleur de la neige en hiver :   ....
   c   C'est la couleur des boîtes aux lettres en France :   ....
   d   C'est la couleur de la nuit :   ....
   e   C'est la couleur principale du drapeau suisse :   ....
   f   C'est la couleur de l'écologie :   ....

5   Choisis la bonne réponse.

   a   Quel est le nombre après « neuf » ?
       i   huit   ii   dix   iii   onze   iv   douze

   b   Comment écrit-on « 15 » en français ?
       i   treize   ii   quatorze   iii   quinze   iv   seize

   c   Quel nombre dans cette liste est un multiple de cinq ?
       i   cinq   ii   six   iii   neuf   iv   treize

   d   Complète la séquence : seize, dix-sept, … , dix-neuf.
       i   treize   ii   quinze   iii   dix-huit   iv   douze

   e   Combien de lettres y a-t-il dans « quatorze » ?
       i   sept   ii   huit   iii   neuf   iv   dix

   f   18 + 2 = ?
       i   dix-huit   ii   vingt   iii   douze   iv   deux

J'habite ici

6 Lis les indices et complète les mots croisés.

Horizontalement

3 Je viens du Canada. Je suis…
5 Les couleurs du drapeau français sont bleu, blanc,…
6 C'est la capitale de la France.
7 Plus de trois cents … de personnes parlent français dans le monde.
8 Le Sénégal se trouve sur quel continent ?

Verticalement

1 Les pays … sont des pays où l'on parle français.
2 Nombre de continents où l'on parle français.
4 Je suis belge. Je viens de…

Tu es comment ?

7 Les mots **en gras** dans le texte sont dans le désordre. Réécris le texte de façon logique.

Bonjour ! Je m'appelle **bleus** et j'ai **grande**. J'ai les yeux **blonds et bouclés** et les cheveux **Sara**. Je suis **15 ans**.

....

....

Maintenant, décris-toi.

....

....

Les jours de la semaine et les consignes

8 Démêle les mots pour trouver les jours de la semaine. Ensuite, écris les jours dans le bon ordre.

a ridam ....

b midchane ....

c ujide ....

d idemsa ....

e nilud ....

f idrremce ....

g viddneer ....

9 Lis les phrases et écris si c'est l'élève ou le professeur qui parle.

a Asseyez-vous. ....

b Je peux aller aux toilettes ? ....

c Lisez la page onze. ....

d Lève la main pour répondre. ....

e J'ai une question. ....

f Écoute et répète après moi. ....

> **CONSEIL**
>
> Les jours de la semaine et les mois de l'année ne prennent pas de majuscule en français, sauf s'ils sont le premier mot d'une phrase. Par exemple, on dit « Je suis né en décembre » (pas de majuscule) mais on écrit « Lundi prochain, c'est mon anniversaire » (avec une majuscule).

En classe

10 Démêle les mots pour compléter les phrases.
Ensuite, réponds à la question pour décrire le contenu de ton sac d'école.

Dans mon sac à dos il y a quatre (svrile) **(a)** .... et deux

(hircesa) **(b)** .... J'ai aussi une (setrsuo) **(c)** .... avec

trois (snyrcao) **(d)** .... et un (ylsto) **(e)** .... Finalement

j'ai une (glreè) **(f)** ....

Et toi ? Qu'est-ce que tu as dans ton sac ?

Dans mon sac, il y a ....

11 Associe les phrases aux images.

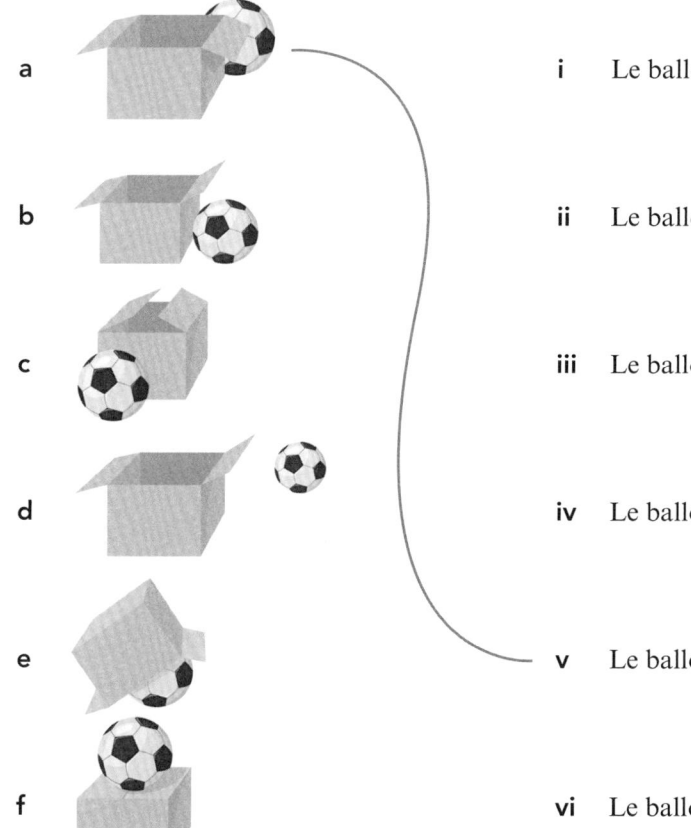

a

b

c

d

e

f

i   Le ballon est devant la boîte.

ii Le ballon est sous la boîte.

iii Le ballon est sur la boîte.

iv Le ballon est loin de la boîte.

v   Le ballon est derrière la boîte.

vi Le ballon est près de la boîte.

Bienvenue à l'école !

12 a Entraîne-toi à épeler ton prénom et ton nom de famille.

b Maintenant, trouve la lettre pour découvrir une salutation française.
Utilise un dictionnaire.

  i   C'est la voyelle qui rime avec « chat ». ....

  ii C'est la voyelle à la fin du mot « salut ». ....

  iii C'est la dernière consonne du mot « cahier ». ....

  iv C'est la voyelle qui se prononce « euh ». ....

  v   C'est la consonne au milieu du mot « devoirs ». ....

  vi C'est la seule voyelle dans « mot ». ....

  vii C'est la voyelle au début du mot « île ». ....

  viii C'est la consonne entre « Q » et « S ». ....

13 a Lis le dialogue et réponds aux questions en français.

Thaïs :	Salut ! Je suis Thaïs. Comment t'appelles-tu ?
Ali :	Bonjour ! Je m'appelle Ali.
Thaïs :	Moi, j'ai quinze ans. Et toi, quel âge as-tu ?
Ali :	Moi aussi j'ai quinze ans ! Tu viens de quel pays ?
Thaïs :	J'habite à Casablanca au Maroc.
Ali :	Alors, tu es marocaine. Quelles langues parles-tu ?
Thaïs :	Je parle français et arabe. Et toi, tu es de quelle nationalité ?
Ali :	Je suis belge. J'habite à Bruxelles en Belgique.
Thaïs :	On parle trois langues en Belgique je pense. Quelles langues parles-tu ?
Ali :	Je parle français et allemand. Mais en Belgique on parle aussi néerlandais.
Thaïs :	C'est très intéressant. C'était sympa de parler avec toi. À bientôt !
Ali :	Oui, à bientôt, Thaïs.

  i   Quel âge ont Thaïs et Ali ? ....

  ii   Thaïs est de quelle nationalité ? ....

  iii Ali habite dans quel pays ? ....

  iv   Thaïs parle quelles langues ? ....

  v   Ali parle quelles langues ? ....

  vi   Quel est la troisième langue officielle de la Belgique ? ....

b Complète les phrases pour te présenter comme Thaïs et Ali :

Bonjour ! Je m'appelle .... J'ai .... ans.

J'habite à .... en/au .... Je suis

.... Je parle ....

> Unité 1
Salut

Vocabulaire

Fondation

1. Voici Raphaël et sa famille.
   Complète les phrases avec le nom des membres de sa famille.

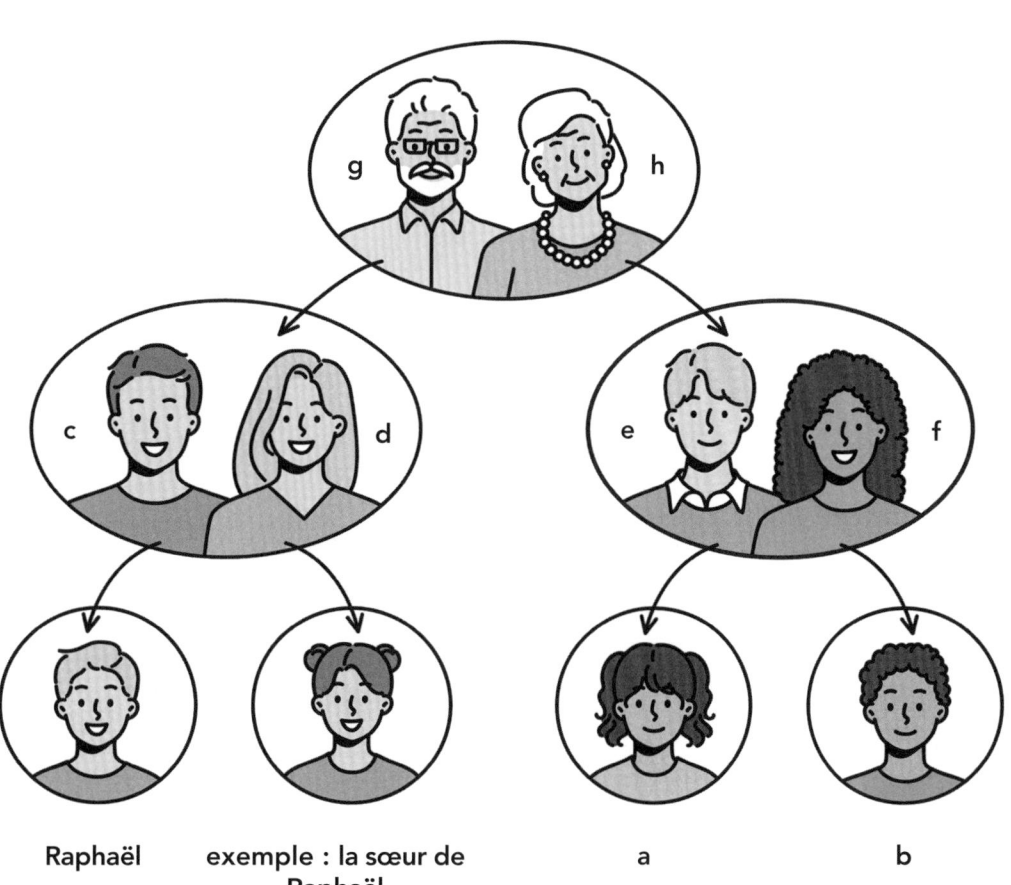

Raphaël   exemple : la sœur de Raphaël   a   b

- a   la .... de Raphaël
- b   le .... de Raphaël
- c   le .... de Raphaël
- d   la .... de Raphaël
- e   l'............................ de Raphaël
- f   la .... de Raphaël
- g   le .... de Raphaël
- h   la .... de Raphaël

2   Complète le texte avec les mots de la liste.

> sœur   grands-parents   deux   tante
> enfants   frère   père   quatre

Bonjour, je m'appelle Raphaël. J'ai quinze ans. Dans ma famille il y a
(a) .... personnes. Moi, ma (b) ....,
mon (c) .... et ma mère. J'ai (d) ....
cousins qui sont les (e) .... de mon oncle et de ma
(f) .... Mon oncle est le (g) .... de ma
mère. Mes (h) .... sont les parents de ma mère et de mon oncle.

Plus

3   Lis les descriptions et trouve la personne qui correspond à chaque description.
    Décris la huitième personne.

i    ii    iii    iv

v    vi    vii    viii

a   Je suis un adolescent avec des cheveux courts et bouclés.   ☐
b   Je suis une jeune femme avec des cheveux longs et raides. Je porte des lunettes.   ☐
c   Je suis assez jeune avec une petite barbe sans moustache.   ☐
d   Je suis une femme avec des cheveux mi-longs. Je porte des lunettes.   ☐
e   Je suis une femme avec des cheveux courts et bouclés. Je porte des lunettes
    et des boucles d'oreilles.   ☐
f   Je suis une adolescente avec des cheveux courts et frisés.   ☐
g   Je suis un homme avec le visage assez mince. J'ai une barbe et une moustache.   ☐
h   ....   ☐

1 Salut

4 Associe les adjectifs avec leur contraire.

a	actif	i	sérieux
b	agréable	ii	paresseux
c	aimable	iii	ennuyeux
d	intelligent	iv	fou
e	intéressant	v	désagréable
f	heureux	vi	triste
g	drôle	vii	bête
h	content	viii	méchant
i	raisonnable	ix	malheureux

Défi

5 Lis la description de la famille et entoure l'adjectif le plus logique pour compléter la description.

> Dans ma famille il y a cinq personnes : mon père, ma mère, mon frère, ma sœur et moi. Nous avons des personnalités assez différentes. Mon père, qui s'appelle Jules, aime beaucoup le sport. Il est toujours très **(a)** (actif / paresseux). Ma mère, Eva, est un peu plus **(b)** (impolie / calme) que mon père. Elle sourit beaucoup et elle est souvent de **(c)** (bonne / mauvaise) humeur. Mon frère, qui s'appelle Lucas, travaille bien à l'école et il a toujours de bonnes notes. Il est très **(d)** (bête / intelligent) mais il peut aussi être **(e)** (ennuyeux / fou) quand il parle trop de ses études. En revanche, ma sœur, Clara, rit beaucoup. Elle est **(f)** (drôle / inquiète) quand elle raconte des blagues. Je suis **(g)** (triste / content) car nous nous entendons bien dans ma famille. Nous sommes généralement très **(h)** (malheureux / heureux) ensemble.

6 Lis le texte et complète les phrases.

> Bonjour, je m'appelle Lucy. J'ai une sœur qui s'appelle Charlotte. Aujourd'hui, c'est son mariage. Elle épouse Djamel, son fiancé. Il est grand et brun avec les yeux verts. Je suis contente d'avoir Djamel comme beau-frère car il est très gentil. Toute ma famille est chez moi pour le mariage. Il y a mes oncles, mes tantes, mes cousins et mes grands-parents. Il y a même tous les voisins du quartier qui sont invités. Malheureusement, il ne fait pas beau aujourd'hui. Quel dommage ! Mais comme on dit en français « Mariage pluvieux, mariage heureux ! »

a Lucy a une ....

b Aujourd'hui, c'est le .... de Charlotte.

c Djamel est le .... de Charlotte et le futur .... de Lucy.

d Djamel a les .... bruns et les .... verts.

e La .... de Lucy et les .... sont invités pour le mariage.

f Lucy pense que Charlotte et Djamel sont .... ensemble.

Grammaire

Fondation

1 C'est masculin ou féminin ? Regarde ces noms. Mets « m » s'il s'agit d'un nom masculin et « f » s'il s'agit d'un nom féminin. Ensuite, pour les noms masculins écris l'équivalent féminin et pour les noms féminins, écris l'équivalent masculin.

	cousin	m		une cousine
a	voisine			
b	petite amie			
c	mari			
d	copain			
e	petit-fils			
f	sœur			
g	jumeaux			
h	divorcé			

2 Écris ces noms au pluriel.

un frère → des frères

a la sœur ....

b une nièce ....

c un cousin et une cousine ....

d le fils ....

e la tante ....

f l'oncle ....

g un neveu ....

h la fille ....

CONSEIL

Apprends le genre des noms (masculin ou féminin) et leur forme plurielle (on ajoute un « -s » ou un « -x ») en même temps que l'orthographe pour savoir comment les utiliser correctement. Tu peux toujours vérifier le genre d'un nom dans ton livre de français ou dans un dictionnaire si tu ne le sais pas !

3 Complète le tableau avec la bonne forme des verbes « avoir » et « être ».

avoir		être	
j'	ai	je	
tu		tu	es
il/elle/on		il/elle/on	est
nous	avons	nous	
vous		vous	êtes
ils/elles	ont	ils/elles	

1 Salut

Plus

4 Choisis entre « j'ai », «je suis » ou « je porte » pour compléter cette présentation.

Bonjour ! Je m'appelle Sylvie et **(a)** .... française.

(b) .... treize ans. **(c)** .... un frère et une sœur. **(d)** .... les yeux marron et **(e)** .... des lunettes. Pour aller à l'école **(f)** .... un uniforme mais quand **(g)** .... chez moi **(h)** .... des vêtements décontractés comme un jean et un sweat.

5 Sabine et Aïsha se rencontrent.
Complète leur dialogue avec les expressions de la liste.

i	Quel dommage ! Peut-être la semaine prochaine.
ii	Je suis désolée d'entendre ça. Je suis contente de te voir quand même.
iii	Non, malheureusement. J'ai beaucoup de travail pour l'école. Que c'est ennuyeux !
iv	Salut ! Ça va bien merci. Et toi ?
v	De quel livre s'agit-il ?
vi	D'accord. Bonne idée. Merci. Et veux-tu aller au cinéma ce soir?

Sabine : Bonjour Aïsha ! Comment ça va ?

Aïsha : **(a)** ....

Sabine : Je suis un peu fatiguée aujourd'hui.

Aïsha : **(b)** ....

Sabine : Merci ! Moi aussi. Je sais que tu aimes les livres. Je lis un livre intéressant en ce moment.

Aïsha : **(c)** ....

Sabine : C'est un livre d'aventure. Et toi, tu lis quelque chose d'agréable ?

Aïsha : **(d)** ....

Sabine : Si on allait prendre un café pour te changer les idées ?

Aïsha : **(e)** ....

Sabine : Que c'est gentil ! Merci pour l'invitation mais je ne peux pas. Un autre jour, peut-être ?

Aïsha : **(f)** ....

Défi

6 Entoure le bon article défini ou indéfini pour compléter le texte.

J'ai **(a)** (un / une / des) copain qui s'appelle Milo. Il a **(b)** (le / la / les) cheveux bouclés et **(c)** (le / la / les) yeux marron, comme moi. Milo a **(d)** (un / une / des) sœur et **(e)** (un / une / des) frère. **(f)** (Le / La / Les) famille de Milo est très sympa. Ils ont **(g)** (un / une / des) grande maison et ils m'invitent souvent. On aime beaucoup regarder **(h)** (le / la / les) télé ensemble.

7 Complète le texte avec la bonne forme du verbe « avoir » ou « être ».

Mes parents **(a)** .... quatre enfants. Donc, dans ma famille nous **(b)** .... six. Moi, je **(c)** .... l'aîné de la famille. J' **(d)** .... quinze ans, ma sœur **(e)** .... treize ans et mes deux frères jumeaux **(f)** .... onze ans. Nous **(g)** .... aussi deux chats à la maison. Je **(h)** .... assez sportif et j'adore le foot. Par contre, ma sœur **(i)** .... plutôt paresseuse. Elle passe des heures à regarder des vidéos sur son ordinateur. Mes frères jumeaux **(j)** .... marrants mais ils **(k)** .... aussi un peu fous quand ils jouent ensemble. Que c' **(l)** .... ennuyeux !

Compréhension et expression

Fondation/Plus

1 Lis la description de Thomas, le meilleur ami de Raoul, et choisis la bonne option pour compléter chaque phrase.

Je m'appelle Raoul et mon meilleur ami s'appelle Thomas. Il est de taille moyenne, avec des cheveux bruns courts et des yeux verts, comme moi. Il a un grand sourire et un physique sportif. C'est quelqu'un de très sympa, toujours prêt à aider les autres. Il est aussi drôle mais il est un peu timide au début. Sa famille est composée de ses parents et de sa sœur cadette, Clara, qui est aussi très sympa mais elle est un peu pénible de temps en temps. Ses parents sont gentils, avec un bon sens de l'humour. Thomas est mon meilleur ami parce qu'il est toujours là pour moi, dans les bons comme dans les mauvais moments.

a   Thomas a les cheveux (foncés / clairs).
b   Raoul a les yeux (bleus / verts).
c   Thomas est (souriant / sérieux).
d   Thomas est (tout de suite confiant / un peu réservé au départ).
e   Thomas est (l'aîné / le plus jeune) de la famille.
f   Clara est (parfois désagréable / toujours gentille).
g   Les parents de Thomas sont (drôles / ennuyeux).
h   Thomas (abandonne / aide) Raoul dans des moments difficiles.

2 Décris-toi physiquement et décris ta personnalité.
Utilise les mots et expressions suivantes pour t'aider.

J'ai	les cheveux	blonds / bruns / noirs / roux
		longs / courts
		épais / fins / bouclés / frisés
	les yeux	bleus / verts / marron / noirs
Je suis		grand(e) / petit(e) / de taille moyenne
		gros(se) / mince / joli(e) / laid(e) / beau (belle)
		actif (active) / paresseux (paresseuse) / gentil(le) / calme / fou (folle) / marrant(e) / sérieux (sérieuse)
Je porte		des lunettes / un appareil auditif
		des boucles d'oreilles

CONSEIL

Tes productions écrites seront plus intéressantes si tu utilises des connecteurs comme « et », « mais » et « ou » pour relier tes idées.

....
....
....
....
....

3 Décris ton/ta meilleur(e) ami(e) et sa famille.
N'oublie pas de choisir la bonne forme des verbes pour chaque personne.

avoir	être	porter
j'ai	je suis	je porte
il/elle a	il/elle est	il/elle porte
ils/elles ont	ils/elles sont	ils/elles portent

....
....
....
....
....

4 Lis le dialogue et trouve la bonne question pour chaque réponse. Ensuite, entraîne-toi à prononcer le dialogue à haute voix.

> Tu y vas quand ?   À quelle heure?   Avec qui ?
> Vous y allez comment ?   On se retrouve où ?

A : Salut ! Veux-tu aller au cinéma ?

B : Peut-être. **(a)** ....

A : Ce soir.

B : (b) ....

A : Mia, Louise et Delphine.

B : Je veux bien. **(c)** ....

A : À pied. Ce n'est pas loin.

B : (d) ....

A : Devant chez moi.

B : (e) ....

A : À sept heures et demie.

B : D'accord. Super. À plus tard.

5 Choisis un des scénarios et utilise les informations pour écrire un dialogue pour inviter des amis quelque part. Ensuite, entraîne-toi à prononcer ton dialogue à haute voix.

> **Invitation :** Centre commercial, cet après-midi avec mon frère, en bus.
> **Rendez-vous :** À l'arrêt de bus à 14h00.

> **Invitation :** Parc d'attractions, demain matin avec mes parents, en voiture.
> **Rendez-vous :** Au centre ville, à 10h30.

Plus/Défi

6 Remets les lettres dans le bon ordre pour trouver des synonymes.

	aimer	o r d a r e	adorer
a	rigoler	e r r i	....
b	épouser	a r e i r m	....
c	vivre	b r t e h a i	....
d	décéder	u m r o r i	....
e	être en colère	être é â f h c	....
f	venir au monde	î t r a n e	....

7 Lis les descriptions de ces deux chanteuses francophones et remplis les deux fiches d'identité avec les informations qui conviennent.

> Aya Nakamura, née le 10 mai 1995 à Bamako, au Mali, est une chanteuse et auteure-compositrice française d'origine malienne. Mesurant environ 1,65 mètre, elle a les cheveux longs et souvent colorés. Aya est très énergique et ambitieuse. Elle est connue pour sa voix unique et son mélange de pop, de R&B et de musique urbaine. Elle est une star internationale avec des titres comme « Djadja ».

Fiche d'identité
Nom : ....
Date de naissance : ....
Taille : ....
Description physique : ....
....
Traits de caractère : ....
....
Style de musique : ....
....

> Angèle, née le 3 décembre 1995 à Uccle, en Belgique, est une chanteuse, auteure-compositrice et musicienne. Elle mesure environ 1,70 mètre et elle est facilement reconnaissable grâce à ses cheveux blonds et son style à la fois simple et élégant. Angèle est sympathique et authentique. Elle a une voix douce et un bon sens de l'humour qu'on peut entendre dans ses chansons à la fois légères et profondes. Ses chansons comme 'Tout oublier' et 'Balance ton quoi' mêlent pop et électro avec des paroles engagées. Et son duo avec Dua Lipa, 'Fever', connaît un succès international.

Fiche d'identité
Nom : ....
Date de naissance : ....
Taille : ....
Description physique : ....
....
Traits de caractère : ....
....
Style de musique : ....
....

Vidéo

8 Regarde la vidéo qui est dans le livre de l'élève et réponds aux questions.

    a Selon la vidéo, à quels moments de la vie est-ce qu'on prend des photos de famille ?

    b Selon la vidéo, en plus des membres de la famille, qui peut-on voir dans un album photo ?

    c Est-ce que tu aimes regarder des photos dans un album ? Pourquoi ?

    d À ton avis, quels sont les avantages des photos numériques ?

Unité 2
À la maison

Vocabulaire

Fondation

1   Associe les mots aux lettres sur l'image.

> un canapé   une horloge   une table   une télévision
> un fauteuil   une étagère   un tableau   une lampe

a ……………………………   e ……………………………
b ……………………………   f ……………………………
c ……………………………   g ……………………………
d ……………………………   h ……………………………

2   Associe les débuts et fins de phrases.

a   Nous préparons les…
b   Parfois, je regarde la…
c   La nuit, je dors…
d   Quand il rentre à la maison, mon père laisse ses…
e   Je prends le dîner…
f   Ma mère gare la…

i   …dans ma chambre.
ii   …voiture dans le garage.
iii …repas dans la cuisine.
iv   …télé dans le salon.
v   …chaussures dans l'entrée.
vi   …avec ma famille dans la salle à manger.

3 Dans chaque liste de mots, trouve celui qui ne va pas avec les autres.
Utilise l'indice pour t'aider.

  a prendre un bain / se doucher / se peigner / se laver le visage / se brosser les dents (l'indice : de l'eau ?)

  b cusinière / four / four à micro ondes / congélateur / frigo / machine à laver (l'indice : la nourriture ?)

  c évier / lave-vaisselle / chaise / poubelle / cuisine / horloge (l'indice : c'est une pièce)

  d allumer / fer à repasser / éteindre / ouvrir / fermer (l'indice : c'est un nom)

  e faire du jardinage / passer l'aspirateur / faire la lessive / débarrasser la table / faire la vaisselle (l'indice : on le fait dehors)

Plus

4 Trouve les 7 mots dans la grille (ils sont dans tous les sens).
Ensuite, complète les phrases avec le bon mot.

| robinet | shampooing | dentifrice | miroir |
| savon | serviette | douche | |

S	U	B	J	V	M	I	G	U	E
A	Q	Z	O	W	D	O	N	C	T
V	M	I	R	O	I	R	I	B	T
O	L	D	U	F	I	R	O	V	E
N	E	C	H	H	F	F	O	Y	I
T	H	E	S	I	T	C	P	Z	V
E	R	W	T	J	G	K	M	L	R
T	E	N	I	B	O	R	A	R	E
W	E	N	G	I	E	Q	H	H	S
D	V	T	D	L	Z	W	S	N	A

a Pour me brosser les dents, j'utilise du ....

b Je ferme le .... du lavabo quand je me brosse les dents.

c Je me lave les cheveux avec du ....

d Après le bain, je me sèche avec une ....

e J'ai besoin de .... pour me laver les mains.

f Quand je me maquille, je me regarde dans le ....

g Quand je me lève le matin je prends une ....

5 Choisis la bonne réponse pour terminer les phrases.

a Le toit est…
   i   sur la maison
   ii sous la maison
   iii dans la maison

b On se sert de l'escalier pour…
   i   se laver
   ii faire le linge
   iii monter à l'étage

c Le plancher se trouve…
   i   sous les pieds
   ii devant la maison
   iii derrière la maison

d Le plafond est la partie…
   i   inférieure de la pièce
   ii supérieure de la pièce
   iii au milieu de la pièce

e Dans le bureau on…
   i   cuisine
   ii travaille
   iii fait la vaisselle

Défi

6 Complète le texte avec les mots de la liste.

| armoire | chargeur | couverture | draps | étagère | lampe |
| oreiller | placard | réveil | table |

Ma pièce préférée chez moi est ma chambre. Sur mon lit j'ai des **(a)** .... blancs et une **(b)** .... très douce. Je dors toujours bien grâce à mon **(c)** .... moelleux. J'ai une grande **(d)** .... pour mes vêtements et une **(e)** .... pour mes livres. Il y a aussi un **(f)** .... pour mes affaires de sport. Sur la **(g)** .... de chevet j'ai une petite **(h)** .... , mon **(i)** .... de téléphone et mon **(j)** .... pour les matins d'école.

Grammaire

Fondation

1 Complète le tableau.

Personne	Masculin	Féminin	Devant une voyelle	Pluriel
je	**mon** lit	**ma** couverture	**mon** étagère	**mes** livres
tu	.... réveil	**ta** lampe	**ton** horloge	.... plantes
il/elle/on	**son** bureau	.... commode	.... oreiller	**ses** draps
nous	**notre** salon	.... cuisine	**notre** entrée	.... meubles
vous	.... fauteuil	**votre** table	**votre** armoire	**vos** peintures
ils/elles	**leur** jardin	.... pelouse	**leur** arbre	**leurs** fleurs

2 Dans chaque phrase, entoure la bonne forme de l'adjectif.

  a Dans ma chambre, il y a un tapis (vert / verte) et une lampe (bleu / bleue).

  b Chez moi, la cuisine est (grand / grande) mais le salon est assez (petit / petite).

  c Ta (nouveau / nouvelle) maison est très (moderne / modernes).

  d Dans son jardin, il y a un arbre (énorme / énormes) et de (jolis / jolies) fleurs.

  e Nous avons un canapé (douillet / douillette) et un fauteuil (confortable / confortables) dans notre salon.

  f Dans leur chambre, mes parents ont des rideaux (blancs / blanches) et (légers / légères).

3 Observe et complète les fleurs avec la bonne forme au présent des verbes réguliers. Ensuite, crée des fleurs pour les trois verbes réguliers suivants: adorer, réussir, répondre.

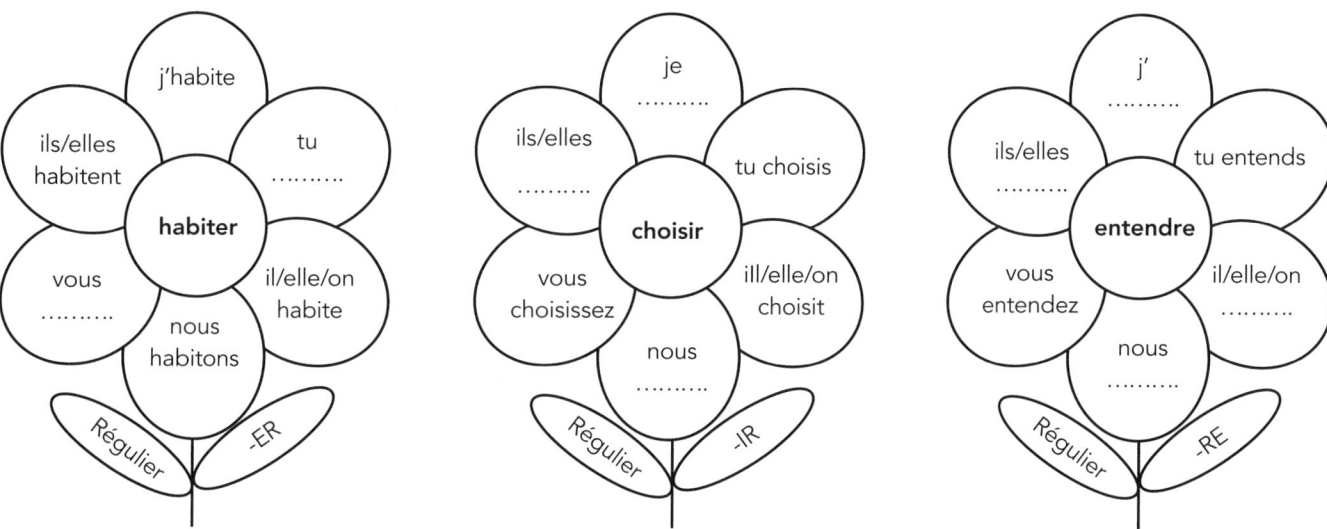

4 Complète le tableau.

	faire	mettre	prendre	sortir
je	fais		prends	sors
tu		mets		sors
il/elle/on	fait		prend	sort
nous		mettons	prenons	
vous	faites	mettez		sortez
ils/elles	font	mettent	prennent	

CONSEIL

Quand tu écris et apprends un nouveau verbe, note si c'est un verbe régulier – s'il termine en « -er », « -ir » or « -re » – ou irrégulier, pour savoir comment l'utiliser correctement. Vérifie la conjugaison des verbes dans ton livre de français, dans un dictionnaire ou en ligne. Les verbes sont toujours listés sous la forme non conjuguée qui s'appelle l'infinitif.

5 Complète les phrases avec le pronom tonique qui convient: moi, toi, lui, elle, nous, vous, eux, elles.

   a ...., je n'aime pas faire la vaisselle.

   b ...., il met la table dans la salle à manger.

   c ...., ils ne font jamais la lessive.

   d Lucas arrose les plantes avec .... (sa sœur).

   e Ce tapis violet n'est pas à .... (mon frère et moi).

   f Je déteste faire la cuisine sans .... (Benjamin).

Plus

6 Entoure le bon adjectif possessif et choisis le bon adjectif qualitatif dans la liste pour compléter le texte.

bruyante   confortables   grande   propre   tranquille

Moi, je suis enfant unique. J'ai **(a)** (mon / ma) .... chambre. Mais **(b)** (mon / ma) amie a deux sœurs et un frère donc elle doit partager **(c)** (son / sa) chambre avec une de **(d)** (ses / leurs) sœurs. **(e)** (Leur / Leurs) chambre est assez .... et **(f)** (leur / leurs) lits sont .... **(g)** (Mon / Ma) amie aime **(h)** (son / sa) sœur mais parfois elle est un peu .... J'ai de la chance. Je peux être **(i)** .... dans (mon / ma) chambre.

7 Conjugue les verbes au présent.

   a Je .... (*préparer*, verbe régulier) les repas dans la cuisine.

   b Tu .... (*finir*, verbe régulier) ton petit déjeuner avant d'aller au collège.

   c Mon frère .... (*tondre*, verbe régulier) la pelouse dans le jardin pour gagner de l'argent de poche.

   d Nous .... (*allumer*, verbe régulier) la lumière dans le salon le soir.

   e Nadine .... (*prendre*, verbe irrégulier) un bain pour se relaxer.

   f Vous .... (*mettre*, verbe irrégulier) la table dans la salle à manger avant le dîner.

Défi

8 Écris la bonne forme de l'adjectif pour compléter cette description d'une maison.

J'habite avec ma famille dans une maison **(a)** .... (spacieux) et bien **(b)** .... (aménagé). Au sous-sol il y a un espace de rangement **(c)** .... (pratique). La cuisine est **(d)** .... (moderne), avec tous les appareils **(e)** .... (nécessaire). Le salon est **(f)** .... (confortable), avec un canapé **(g)** .... (douillet). Le bureau est **(h)** .... (tranquille), idéal pour travailler, avec de **(i)** .... (grand) étagères. La salle de bains est **(j)** .... (équipé) d'une baignoire et d'une douche. J'adore ma maison !

9 Complète ce texte en choisissant le bon verbe dans le tableau et en écrivant la bonne forme du verbe au temps présent.

Verbes réguliers			Verbes irréguliers
-er	-ir	-re	
aider	choisir	tondre	faire (x3)
contribuer			mettre
débarrasser			sortir
passer			
planter			
préparer			
préférer			
ranger			

Chez moi, tout le monde **(a)** .... régulièrement avec les tâches ménagères. Nous **(b)** .... les tâches que nous **(c)** .... Je **(d)** .... l'aspirateur dans le salon et ma sœur **(e)** .... les chambres. Mon père **(f)** .... le dîner tandis que ma mère **(g)** .... la lessive. Avant de manger, je **(h)** .... la table, et après le repas, nous **(i)** .... la table ensemble. Ensuite, je **(j)** .... la vaisselle pendant que mon frère **(k)** .... la poubelle. Le week-end, nous **(l)** .... du jardinage : nous **(m)** .... des fleurs et mon père **(n)** .... la pelouse. Comme ça, nous **(o)** .... tous à garder la maison propre et agréable.

Compréhension et expression

Fondation/Plus

1 Lis les textes, puis identifie la bonne personne pour chaque phrase et écris son prénom à côté.

> **Valentin :**
> J'ai ma propre chambre, et je l'aime beaucoup. À côté de mon lit, il y a une table de chevet avec une lampe pour lire le soir. J'ai aussi un bureau où je travaille sur mon ordinateur. J'aime beaucoup cet espace, car c'est calme et je peux me concentrer. Mais je voudrais avoir ma propre salle de bains aussi.

> **Sophie :**
> Ma chambre est un peu petite pour moi. Je n'ai pas assez de place pour ranger toutes mes affaires et je dois faire mes devoirs dans le salon. À vrai dire, je préfère la chambre de mon frère. Heureusement, on s'entend bien et il me laisse passer du temps dans sa chambre de temps en temps.

> **Thaïs :**
> J'ai ma propre chambre avec une salle de bains juste à côté pour moi toute seule, ce qui est très pratique. J'ai un grand lit avec plein d'oreillers et une couette douce. Il y a aussi un bureau où je fais mes devoirs. Je m'entends bien avec mes frères et sœurs, mais ils s'énervent parfois quand je ne les laisse pas entrer dans ma chambre.

a Qui préfère la chambre de son frère ? ....
b Qui adore sa chambre ? ....
c Qui a sa propre salle de bains ? ....
d Qui veut une chambre plus grande ? ....
e Qui veut travailler dans sa chambre ? ....
f Qui a un lit très confortable ? ....

2 Écris 3–4 phrases pour répondre aux questions.
Ensuite, entraîne-toi à prononcer tes réponses à haute voix.

a Qu'est-ce qu'il y a dans ta chambre ?
....
....
....

b Qu'est-ce que tu penses de ta chambre ? Pourquoi ?
....
....
....

2 À la maison

3 Mets la conversation entre un agent immobilier et une cliente dans le bon ordre.

a ☐ **Agent immobilier :** Au dernier étage alors. Et préférez-vous un appartement neuf ou ancien ?

b ☐ **Cliente :** Deux. Une pour mon mari et moi et une pour notre fils.

c [11] **Agent immobilier :** Je crois que j'ai un appartement parfait pour vous. Dans la cuisine il y a un grand frigo-congélateur, un four à micro-ondes, un lave-vaisselle et une machine à laver. Je suis sûr que vous allez l'adorer !

d ☐ **Cliente :** Je voudrais une belle vue de la ville.

e [1] **Agent immobilier :** Bonjour Madame. Que désirez-vous ?

f ☐ **Cliente :** Oui, je voudrais aussi une cuisine bien équipée.

g ☐ **Agent immobilier :** Très bien. Un appartement au dernier étage d'un immeuble neuf avec ascenseur. Y a-t-il autre chose ?

h ☐ **Cliente :** Bonjour Monsieur. Je voudrais louer un appartement.

i ☐ **Agent immobilier :** Deux chambres, d'accord. Et vous voulez habiter à quel étage ?

j ☐ **Cliente :** Nous préférons un appartement moderne avec un ascenseur.

k ☐ **Agent immobilier :** Vous cherchez un appartement avec combien de chambres ?

Plus/Défi

4 Quel logement convient le mieux à chaque personne ?
Lis la description sur la page suivante et pour chaque personne, écris la bonne lettre dans l'espace approprié.

Camille :
Je cherche une maison pour moi et ma famille. J'ai trois enfants qui aiment bien jouer au foot dehors. J'ai besoin d'une cuisine pratique où je peux préparer des repas rapidement pour toute la famille.

Noah :
Moi, je voudrais une maison neuve qui offre beaucoup de lumière et où je me sens tranquille. Je veux aussi pouvoir contrôler facilement la température intérieure de la maison en toute saison.

Cédric :
Je vis seul et je cherche un appartement petit mais fonctionnel. Je suis un peu désordonné donc je préfère avoir une cuisine séparée. Et je voudrais un balcon où je pourrais me relaxer.

Jasmine :
Mon mari et moi voudrions un appartement moderne au centre-ville. Je voudrais vivre en hauteur pour profiter de l'ambiance de la vie urbaine.

....

a   Cette maison moderne est située dans un quartier calme. Elle est lumineuse, avec de grandes fenêtres. Au rez-de-chaussée, il y a un salon spacieux, une cuisine équipée avec un four, un frigo et un lave-vaisselle. La maison est climatisée pour l'été et le chauffage central permet de garder la maison confortable en hiver.

b   Ce petit appartement est situé au dernier étage d'un immeuble neuf. Le salon est ouvert sur une cuisine équipée, avec un lave-vaisselle et un frigo. Il y a une chambre. Sur le toit, il y a une grande terrasse où l'on peut profiter d'une très belle vue sur la ville.

c   Cette maison est grande et entourée d'un grand jardin bien clôturé avec une pelouse et des arbres. À l'intérieur, la cuisine dispose d'un congélateur, d'une machine à laver et d'un four à micro-ondes. La maison est très spacieuse, avec plusieurs chambres et un grand salon confortable.

d   Ce petit appartement est situé au premier étage d'un immeuble ancien. La cuisine est équipée d'un frigo, d'un four et d'un lave-vaisselle. L'appartement dispose aussi d'un chauffage et de fenêtres qui apportent beaucoup de lumière naturelle. Il n'y a pas de jardin, mais il y a un petit balcon où l'on peut se détendre.

5 Écris une courte description de ta maison ou de ton appartement (4–5 phrases). Tu peux mentionner :

- La taille du logement (par exemple : grand, petit, nombre d'étages).
- Le nombre de pièces à l'intérieur.
- Une description d'une ou plusieurs pièces.
- S'il y a un jardin, un garage, une cave, un grenier.
- Ton opinion du logement et pourquoi.

Vidéo

6 Regarde la vidéo qui est dans le livre de l'élève et réponds aux questions.

a   Entoure les mots que tu entends :

> un garage   un salon   un grenier   une cuisine
> des chambres   un jardin   une salle à manger

b   Comment sont décorés les appartements ?

c   Comment sont les maisons traditionnelles dans ta région ?

d   Écris un avantage et un inconvénient d'habiter dans un appartement en ville.

> Unités 1 et 2
Révise

1 Lis les indices et complète les mots croisés.

Horizontalement

3 La sœur de mon père est ma…
4 La fille de ma sœur est ma…
5 Ma sœur est la … de mes parents.
8 Les parents de mes parents sont mes…
10 Le nouveau mari de ma mère est mon…

Verticalement

1 Je suis le … de ma grand-mère.
2 Mes parents sont mon père et ma…
6 Le frère de mon père est mon…
7 Ma sœur n'est pas mariée. Elle est…
9 Mon frère est né le même jour que moi. Nous sommes…

2 Entoure la bonne forme de l'adjectif possessif pour compléter ces phrases.

a Mon petit frère m'énerve. Il vient toujours dans (mon / ma / mes) chambre.
b Ma mère dit toujours que le salon est (son / sa / ses) pièce préférée dans la maison.
c Peux-tu mettre (ton / ta / tes) vêtements sales dans la machine à laver ?
d Ils doivent ranger (ses / leurs / leur) affaires dans le placard.
e Nous vendons (nos / notre / vos) voiture parce que la nouvelle maison n'a pas de garage.
f Vous avez une très belle maison. Je préfère (votre / vos / leurs) maison parce que (mon / ma / mes) maison est trop petite.

3 Complète les sudoku avec la bonne forme des verbes « avoir » ou « être ». Choisis entre « je », « tu », « il », « elle », « on », « nous », « vous », « ils » et « elles ». Tu peux utiliser la même forme du verbe une seule fois par colonne, une seule fois par ligne et une seule fois par carré de neuf cases.

vous avez	elle a		elles ont		nous avons		on a	
	il a	ils ont		vous avez	elle a		j'ai	elles ont
elles ont		j'ai	on a		ils ont		tu as	
il a	on a	elles ont		tu as		ils ont		vous avez
tu as	ils ont	nous avons				on a	elle a	
j'ai		elle a	ils ont	nous avons	on a		elles ont	
nous avons		vous avez		elle a	tu as			ils ont
ils ont		il a	nous avons		elles ont	elle a	j'ai	
	j'ai	on a	il a		vous avez	elles ont	tu as	

il est		tu es	on est	vous êtes			elle est	
	elle est		ils sont	tu es	je suis	vous êtes		nous sommes
nous sommes		je suis		il est	elle est			on est
tu es			elle est	on est	il est		ils sont	vous êtes
			ils sont	vous êtes	nous sommes	elles sont		il est
	il est		nous sommes	je suis	elles sont	tu es	on est	
elles sont	il est			tu es		vous êtes		ils sont
je suis	vous êtes		elles sont		on est	nous sommes		tu es
		vous êtes	elle est	on est	il est	je suis		elles sont

4 Choisis parmi les verbes de la liste le verbe le plus approprié pour compléter chaque phrase. Ensuite, conjugue le verbe au présent.

aller   avoir   être   faire   prendre

a Je .... fatigué donc je m'allonge sur le canapé devant la télé.

b Nous .... sommeil alors nous .... au lit.

c Les jours d'école, ils .... le petit déjeuner dans la cuisine.

d Karim a un grand jardin alors il .... régulièrement du jardinage.

e Comment ....-tu ?

f Elle .... un bain le soir pour se relaxer.

5 Lis le texte et corrige les erreurs dans les phrases.

> La France est la championne du monde des châteaux. Il y a plus de 40 000 châteaux et manoirs en France mais le château français le plus célèbre est le château de Versailles. Construit au dix-septième siècle par Louis XIV, le château a plus de 2 000 pièces ! La pièce la plus célèbre est la galerie des glaces avec ses 357 miroirs. Le château est entouré de jardins avec de grandes fontaines et des pelouses aux formes géométriques.
>
> La chambre du roi est la pièce centrale du château. Le roi est une personne publique, c'est pourquoi la chambre où il dort est également un endroit où on fait des cérémonies. Au plafond il y a des peintures de différentes planètes et sur les murs les peintures représentent des héros de l'Antiquité.
>
> Aujourd'hui le château de Versailles est un musée que l'on peut visiter. Mais il y a aussi un grand hôtel de luxe à l'intérieur du château pour des visiteurs qui veulent dormir comme un roi !

a La France est la championne du monde des musées.
b Le château de Versailles est le château français le plus petit.
c Dans la galerie des glaces, il y a beaucoup de tableaux.
d Le château est entouré de jardins avec de grandes piscines.
e Dans la chambre du roi, il y a des peintures de différents pays sur le plafond.
f Aujourd'hui le château de Versailles est un magasin et un hôpital.

6 Lis le texte, puis décide si les phrases sont vraies (V) ou fausses (F).

> Les tâches ménagères font partie de la vie quotidienne de tous les habitants du monde. Mais une étude récente qui compare les habitudes de nettoyage à l'échelle mondiale révèle des différences surprenantes.
>
> En France, la moitié des répondants au sondage n'utilisent pas de produits chimiques pour nettoyer leur maison. À la place, ils préfèrent se servir de produits comme le vinaigre ou le citron.
>
> Au Brésil, on fait souvent le nettoyage manuellement avec de l'eau. Typiquement, dans les maisons brésiliennes le plancher est en pierre. En Argentine aussi les appareils ménagers électriques sont peu répandus. En revanche, en Allemagne on utilise beaucoup les appareils électroménagers pour gagner du temps.
>
> Comme les logements japonais sont souvent étroits et répartis sur plusieurs étages, les Japonais trouvent les appareils ménagers à piles plus pratiques.
>
> En Chine, on s'occupe particulièrement du nettoyage de la cuisine, notamment parce que les cuisinières à gaz sont très communes en Chine et que les Chinois cuisinent souvent avec de l'huile.

a En France, on préfère utiliser les produits naturels pour faire le ménage. V / F
b Au Brésil, il y a souvent de la moquette dans les maisons. V / F
c En Argentine, on passe souvent l'aspirateur. V / F
d En Allemagne, on aime faire le ménage rapidement. V / F
e Au Japon, les appareils à batterie sont privilégiés. V / F
f En Chine, la priorité pour le nettoyage est le salon. V / F

Unité 3
On s'amuse

Vocabulaire
Fondation

1   Associe les phrases aux images.

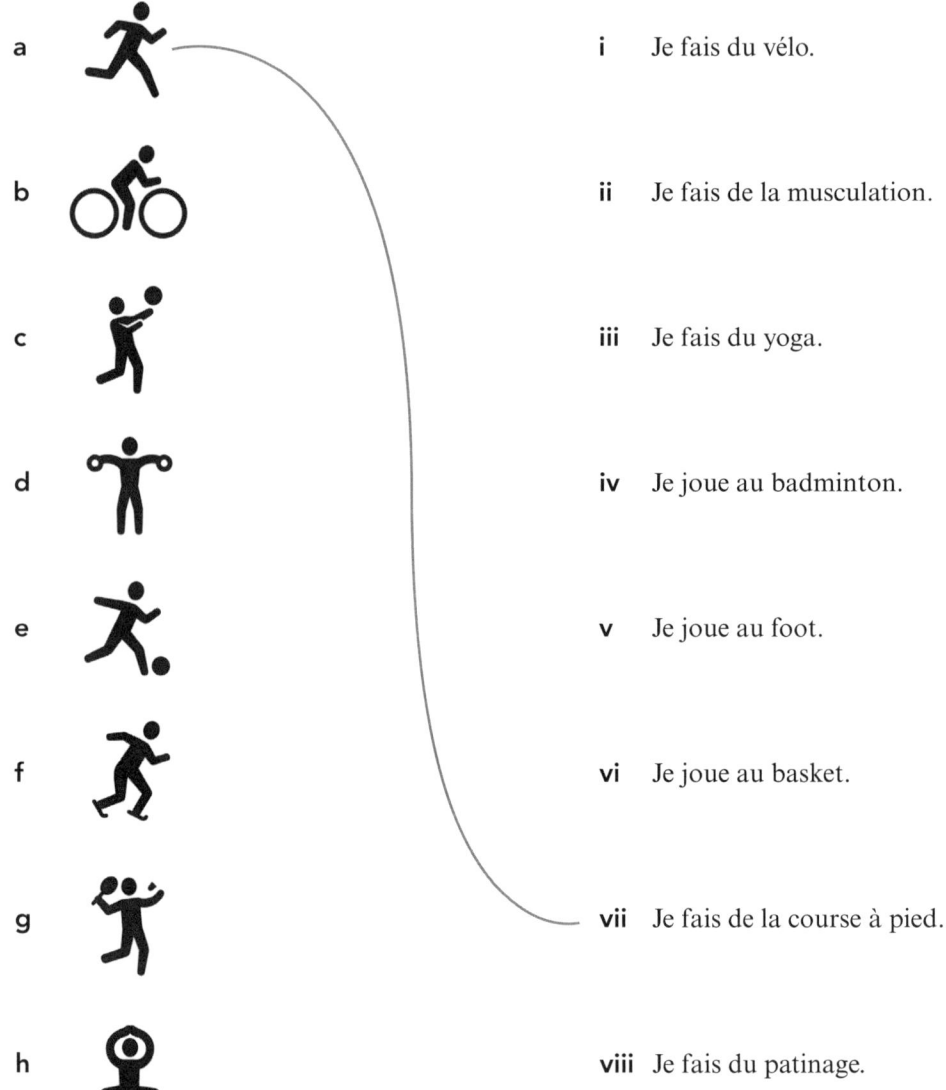

a
b
c
d
e
f
g
h

i   Je fais du vélo.

ii Je fais de la musculation.

iii Je fais du yoga.

iv Je joue au badminton.

v   Je joue au foot.

vi Je joue au basket.

vii Je fais de la course à pied.

viii Je fais du patinage.

2 Complète les phrases avec un des passe-temps de la liste.

> à la pêche   aux échecs   de la guitare   film policier   du dessin
> des comédies   du jardinage   de la photographie

a J'adore la musique. Je joue ....

b Hacine aime garder des souvenirs de ses vacances.

Il fait ....

c Elodie est forte en maths à l'école.

Elle aime bien jouer ....

d Ils préfèrent les matières artistiques.

Ils font souvent ....

e Si on allait au cinéma ? Tu veux voir le nouveau .... ?

f Nous aimons rire. Nous préférons regarder ....

g J'aime être en plein air. J'adore aller .... avec mes copains.

h Vous adorez les plantes et les fleurs.

Vous aimez faire ....

3 a Écris chaque adverbe sous la bonne image.

> normalement   jamais   toujours   souvent   rarement

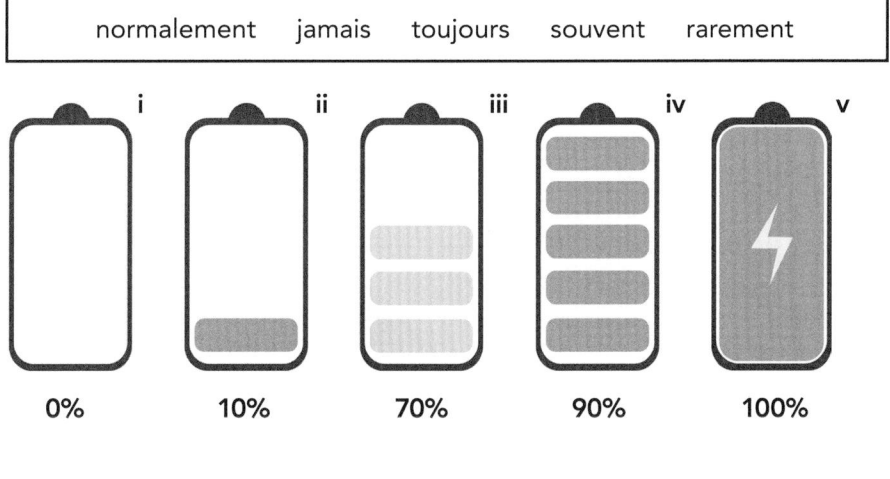

b Mets les mots dans le bon ordre pour former des phrases et écris le pourcentage du temps passé pour chaque activité.

i joue Je foot au toujours l'école après

....% du temps

ii soir le regarde mère Ma rarement télé la

....% du temps

iii souvent cinéma aimez Vous au aller

....% du temps

iv piscine jamais font la Ils de ne natation la à

....% du temps

v normalement yoga faisons du Nous matin samedi le

....% du temps

Plus

4 Choisis le meilleur objet pour compléter les phrases.

| un casque | une tondeuse | un ballon |
| un crayon | un tapis | une tablette |

a Je joue au foot avec ....

b Il fait du dessin avec ....

c Tu écoutes de la musique avec ....

d Nous regardons un film sur ....

e Quand vous faites du yoga, vous avez besoin d'... .

f Elle fait du jardinage avec ....

Défi

5 Dans la liste, choisis les genres de films pour compléter le dialogue.

> les dessins animés   les films policiers   les films de science-fiction
> les films romantiques   les films à suspense

Aïsha : Tu veux aller au cinéma avec moi ce soir ?
Raoul : Oui, je veux bien. Quel film ?
Aïsha : Il y a un film avec un détective qui chasse un criminel.
Raoul : Non, je n'aime pas **(a)** .... Il y a autre chose ?
Aïsha : Il y a un nouveau film qui parle d'un couple qui tombe amoureux.
Raoul : Non, je déteste **(b)** .... Quels sont les autres films ?
Aïsha : Si on allait voir le film où l'on voyage dans l'espace ?
Raoul : Non, je pense que **(c)** .... sont un peu ennuyeux.
Aïsha : Tu préfères aller voir un film d'animation ?
Raoul : Non, je n'aime pas beaucoup **(d)** ....
Aïsha : Qu'est-ce que tu veux voir comme film alors ?
Raoul : Finalement, je trouve que **(e)** .... ne sont pas trop mal. Allons voir ta première suggestion.

Relis le dialogue et écris le genre de film qu'ils choisissent à la fin :
(f) ....

6 Dans la liste, choisis le meilleur endroit pour faire du sport, pour chaque personne.

> à la piscine   sur un terrain   dans un gymnase   sur un court de tennis

a   Personnellement, j'adore les sports collectifs. J'aime bien jouer en équipe avec mes copains. Mais je n'aime pas être gardien de but. Je préfère courir. Je fais du sport ....

b   Moi, j'aime les jeux de raquette. Je joue souvent en double avec ma sœur. Nous gagnons parfois, mais nous jouons surtout pour le plaisir. Je fais du sport ....

c   Mon sport préféré est la natation. Je trouve que c'est un sport d'endurance et de relaxation. Je nage normalement tous les week-ends. Je fais du sport ....

d   Je préfère les sports individuels. Je fais de la musculation pour être plus fort physiquement et pour gagner en confiance. Il faut du matériel pour m'entraîner. Je fais du sport ....

Grammaire

Fondation

1 Complète les phrases avec la forme correcte de jouer à / de ou faire de.

   Je .... (jouer à) (le foot). ➡ Je joue au foot.

   a   Je .... (jouer à) (le basket).
   b   Il .... (faire de) (le vélo).
   c   Nous .... (jouer de) (la guitare).
   d   Tu .... (faire de) (l'escalade).
   e   Elles .... (jouer à) (les jeux de société).
   f   On .... (faire de) (le patinage).
   g   Vous .... (faire de) (la planche à voile).
   h   Elle .... (jouer à) (le volley).

2 Entoure le bon pronom interrogatif pour compléter les questions.

   a   (Où / Qui) est ton chanteur préféré ?
   b   (Combien de / Comment) fois par semaine fais-tu du sport ?
   c   (Où / Pourquoi) vas-tu pour jouer au tennis ?
   d   (Comment / Qu'est-ce que) tu veux regarder comme film ?
   e   (Pourquoi / Qui) aimes-tu écouter de la musique rock ?
   f   (Qu'est-ce que / Quand) veux-tu aller au cinéma ?

Plus

3 Écris la bonne question pour chaque réponse en utilisant les mots de la liste. N'oublie pas de transformer les pronoms et les adjectifs possessifs.

| quand | qui | comment | combien de | qu'est-ce que | où |

   a   Ma mère joue au tennis avec moi.
       ....
   b   Je fais du yoga tous les jours.
       ....
   c   Je fais de la boxe au centre sportif.
       ....
   d   On joue au badminton avec une raquette.
       ....
   e   Comme films, j'aime les comédies et les films policiers.
       ....
   f   J'ai deux instruments de musique chez moi : un piano et un saxophone.
       ....

3 On s'amuse

4 Mets les mots dans le bon ordre pour faire des phrases négatives.

a   pas musique Je joue d'instrument de ne   ....

b   Il jamais ne au joue foot   ....

c   fait week-end Elle rien le ne   ....

d   plus le rugby n' Ils aiment   ....

e   père sportif pas Mon très n' est   ....

f   Pourquoi jamais de sport faites ne vous ?   ....

Défi

5 Complète le texte en transformant les verbes **en gras** pour faire des phrases négatives.

J'ai une sœur jumelle. On se ressemble physiquement mais de caractère nous sommes très différentes. Nous n'avons pas les mêmes passe-temps. Moi j'**aime** le sport mais elle (a) .... le sport. Elle préfère écouter de la musique. Elle **écoute** de la musique pop mais moi je (b) .... de musique pop. J'écoute du hip-hop. Quand on va au cinéma, je **veux** regarder des comédies mais elle (c) .... regarder de comédies. Son genre de film préféré est la science-fiction. Et le soir à la maison, je **regarde** les dessins animés à la télévision mais elle (d) .... les dessins animés. Elle trouve ça ennuyeux. Elle **joue** de la guitare dans sa chambre. Moi, je (e) .... d'instrument de musique. Finalement, moi et ma sœur jumelle ne nous ressemblons pas du tout !

> **CONSEIL**
>
> Quand tu utilises les expressions négatives en français n'oublie pas qu'elles se composent normalement de deux parties : « ne » et l'adverbe négatif principal. Les deux parties de l'expression négative forment un sandwich autour du verbe. Tu peux utiliser l'expression « je n'aime pas » comme modèle pour te rappeler comment ça marche.

6 Remplace l'expression **en gras** pour faire des phrases logiques.

Je n'aime pas jouer du piano. **J'adore** la musique.

→ *Je déteste* la musique.

a   Je n'aime pas aller à la piscine. **J'adore** la natation.
....

b   Ma sœur et moi aimons les sports de raquette. **Nous n'aimons pas** jouer au tennis.
....

c   Mon ami joue de la guitare tous les jours. **Il déteste** la musique.
....

d   Mes parents vont souvent au cinéma. **Ils n'aiment pas** regarder des films.
....

e   Je ne t'invite pas à la patinoire. Je sais que **tu aimes** le patinage.
....

f   Moi et mes amis allons à la plage car **nous détestons** jouer au beach-volley.
....

7 Complète le texte avec les mots et expressions de l'unité.

| sport | musculation | souvent | n'est pas | loisir | pourquoi |

Quels sont les passe-temps préférés des jeunes Français ? Selon un sondage, le premier **(a)** .... des jeunes de 16 à 24 ans est le **(b)** .... 89% des jeunes interrogés pratiquent un sport en dehors de l'école et 61% font **(c)** .... du sport plusieurs fois par semaine. **(d)** .... ? Pour le plaisir et aussi pour rester en forme. Mais quel est le sport préféré des jeunes ? Non, ce **(e)** .... le foot. C'est la **(f)** .... !

8 Remplace les mots par un pronom possessif (le mien, la mienne…).

a Ton sport préféré, c'est le basket et (mon sport préféré) ...., c'est le badminton.

b Mon jour préféré, c'est le lundi et (le jour préféré de Luc) ...., c'est le vendredi.

c Mes passions sont la lecture et la natation et (tes passions) .... sont le cyclisme et le théâtre.

d Sa chambre est au troisième étage et (notre chambre) .... est au cinquième étage.

e Ses frères vont à la piscine et (vos frères) .... vont à la plage.

f Tes parents vivent au Canada et (mes parents) .... habitent en Belgique.

Compréhension et expression

Fondation/Plus

1 Lis le texte sur les passe-temps de Magali et choisis la bonne réponse.

Bonjour, je m'appelle Magali. Pendant mon temps libre, j'aime faire des passe-temps différents. Je suis très musicale et je joue trois instruments de musique : la guitare, le piano et le violon. Mon instrument préféré est la guitare parce que j'aime chanter, donc normalement je joue de la guitare et je chante en même temps. Mon frère dit que je suis trop bruyante. Il est rarement enthousiaste quand je chante ! Je suis assez sportive aussi. Comme sport je préfère le foot parce que j'aime bien jouer avec mes copains. On participe souvent à des tournois et parfois on gagne. Je n'aime pas beaucoup les sports où on joue seul, mais ma sœur aime le tennis et parfois je joue au tennis avec elle. Mais elle est trop forte pour moi. Je ne gagne jamais ! Le loisir qu'on fait tous les trois ensemble est regarder des films. On adore les films de science-fiction, surtout sur le grand écran.

a   Magali…
   i   aime écouter de la musique
   ii aime faire de la musique
   iii n'aime pas la musique

b   Le frère de Magali…
   i   aime le passe-temps de sa sœur
   ii participe au passe-temps de sa sœur
   iii n'aime pas le passe-temps de sa sœur

c   Magali…
   i   ne fait pas de sport
   ii préfère les sports individuels
   iii préfère les sports d'équipe

d   Magali et sa sœur…
   i   aiment le sport
   ii n'aiment pas le sport
   iii ne font jamais de sport

e   La sœur de Magali…
   i   gagne souvent les matchs
   ii gagne rarement les matchs
   iii ne gagne jamais les matchs

f   Magali…
   i   ne passe jamais de temps libre avec son frère et sa sœur
   ii aime regarder la télé avec son frère et sa sœur
   iii aime aller au cinéma avec son frère et sa sœur

2   Écris 3–4 phrases pour répondre aux questions.
    Ensuite, entraîne-toi à prononcer tes réponses à haute voix.

   a   Quels sont tes passe-temps préférés ? Pourquoi ?
   b   Qu'est-ce que tu n'aimes pas faire pendant ton temps libre ? Pourquoi ?
   c   Quels passe-temps fais-tu avec les autres membres de ta famille ?

Plus/Défi

3 Lis cette interview de Nathan Massol, joueur professionnel d'e-sport, et corrige les erreurs dans les phrases.

> **Journaliste :** Nathan Massol est passionné de jeux vidéo. Pour lui, les jeux vidéo ne sont pas seulement une activité. Ils sont une véritable vocation.
> Nathan, quelle est la routine d'entraînement typique d'un joueur professionnel d'e-sport ?
>
> **Nathan :** Maintenant que j'ai un bon niveau, je joue environ quatre à cinq heures par jour. Je regarde des vidéos de matchs de mes adversaires et je m'entraîne physiquement. Pour rester compétitif, je dois être en forme.
>
> **Journaliste :** L'e-sport est différent des sports traditionnels car les jeux sont en constante évolution. Comment tu fais pour surmonter ce défi ?
>
> **Nathan :** Je dois constamment m'adapter aux évolutions des jeux. Pour un joueur de tennis, par exemple, les règles du jeu restent stables pendant sa carrière. Mais pour moi, les règles et les jeux changent très souvent.
>
> **Journaliste :** Est-ce que tu penses que l'e-sport peut devenir aussi populaire que les sports traditionnels comme le football ?
>
> **Nathan :** Personnellement, je n'aime pas faire ces comparaisons. Je pense que l'e-sport a sa propre identité et sa propre dynamique. Et je suis fan de foot aussi ! À mon avis, l'e-sport peut très bien exister à côté des sports traditionnels. On n'est pas obligé de choisir. On peut avoir des passe-temps et des passions différents.

    a Nathan ne joue pas souvent aux jeux vidéo.
    b Pour s'entraîner, Nathan regarde des vidéos de ses anciens matchs.
    c L'e-sport ressemble aux sports traditionnels.
    d Dans l'e-sport, les règles changent rarement.
    e Nathan n'aime pas le foot.
    f Quand on joue aux jeux vidéo, on n'a pas le temps pour faire autre chose.

4 Lis le texte et trouve les 3 phrases de la liste qui sont vraies.

Les Jeux de la Francophonie sont le seul événement sportif et culturel international, en langue française, pour les jeunes de 18 à 35 ans. Tous les quatre ans, plus de 3,000 jeunes, artistes et sportifs des pays francophones, se réunissent pour participer à des journées de compétition sportive et de créativité artistique. C'est un concept original qui est unique au monde puisqu'on associe les arts et les sports. Au programme pendant dix jours il y a des épreuves sportives comme l'athlétisme, le basketball, le cyclisme, le judo, le football, la lutte libre, la lutte africaine et le tennis de table. Mais il y a aussi plusieurs concours culturels qui comprennent la chanson, la danse, la peinture, la création numérique et même les arts de la rue comme le hip hop et la jonglerie. Chaque édition des Jeux a lieu dans un pays francophone différent et l'excellence de la jeunesse francophone venue des cinq continents s'exprime à chaque édition.

    a Les Jeux de la Francophonie sont un événement uniquement sportif.
    b Le français est la langue officielle des Jeux de la Francophonie.
    c Les Jeux sont accessibles aux participants de tout âge.
    d Les Jeux de la Francophonie ont lieu tous les quatre ans.
    e Il y a d'autres Jeux internationaux de ce genre.
    f Il y a un mélange de disciplines : traditionnelles et modernes.
    g Les Jeux se passent toujours en France.

3 On s'amuse

5   Imagine que tu participes aux Jeux de la Francophonie.
    Prépare une présentation orale en 5 ou 6 phrases. Inclus les points dans la liste.
    Tu peux t'aider des mots et expressions du tableau.
    - Ton nom et ton âge.
    - Ta discipline (sportive ou artistique).
    - Des détails de ta routine d'entraînement.
    - Pourquoi tu aimes ta discipline.
    - Le défi que tu veux accomplir.

| Je m'appelle… | | |
J'ai … ans.		
J'aime… J'adore…	l'athlétisme la chanson la musique le foot	
Je suis passionné(é) de/d'… Je suis fort en…	basket natation danse peinture	
Je joue… Je m'entraîne…	souvent, régulièrement, toujours, tous les jours, cinq fois par semaine…	
J'aime… J'adore… Je suis passionné(e) de/d'…	parce que… car…	c'est un sport d'équipe. c'est un sport individuel. c'est un jeu de stratégie.
Le défi que je veux accomplir est… Je rêve de…	gagner la Coupe du Monde, une médaille d'or, un prix, … battre le record de vitesse, publier mon œuvre, …	

Vidéo

6   Regarde la vidéo qui est dans le livre de l'élève et réponds aux questions.
    a   Quand fait-on des loisirs ?
    b   En plus du sport, quels loisirs sont mentionnés dans la vidéo (il y en a cinq) ?
    c   Imagine que tu es dans le livre Guinness des records.
        Quel est ton record du monde ?
    d   À ton avis, pourquoi est-il important d'avoir des loisirs ?

Unité 4
Prêt-à-porter

Vocabulaire

Fondation

1 Choisis le bon mot pour chaque vêtement. **Attention !** Il y a 3 mots en trop.

| un imperméable   une ceinture   des chaussettes   des chaussures |
| une chemise   des lunettes   une montre   un pull   une veste |

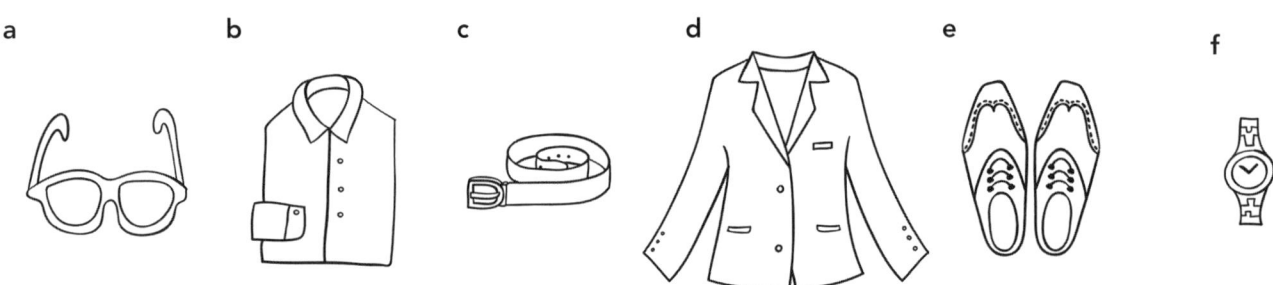

a .... b .... c .... d .... e .... f ....

2 Organise les vêtements suivants en deux listes : élégants ou décontractés. Tu peux utiliser chaque vêtement une seule fois. Ensuite, ajoute 2 articles de ton choix à chaque liste.

| des baskets   une casquette   des chaussures à talon   une chemise |
| un tailleur   une cravate   une jupe en jean   une robe en soie |
| un sweat à capuche   un T-shirt   des sandales |

Vêtements élégants	Vêtements décontractés

3 Complète les phrases avec les vêtements et accessoires les plus appropriés.

| boucles d'oreille   cravate   jean   maillot de bain   pantalon   robe |

a Pour aller à l'école, je porte un uniforme : un polo blanc et un .... noir.

b Le week-end, mes amis et moi portons souvent un .... avec un T-shirt quand on sort en ville.

c Quand je pars en vacances, je n'oublie jamais mon .... car j'aime aller à la plage.

d Ma mère aime les bijoux. Elle porte toujours des ....

e Pour une occasion formelle comme un mariage, mon frère porte un costume avec une ....

f Ma sœur porte sa .... préférée pour son anniversaire.

Plus

4 Regarde l'image et écris le nombre de T-shirts en toutes lettres.

a à rayures   ....trois....

b à carreaux   ....

c à pois   ....

d uni   ....

5 Associe chaque vêtement avec le tissu ou le matériel le plus approprié.

a un T-shirt   i   en or
b une jupe   ii   en soie
c un collier   iii en cuir
d des bottes   iv   en laine
e un bonnet   v   en jean
f une cravate   vi   en coton

> **CONSEIL**
>
> Les adjectifs de couleur s'accordent en genre et en nombre : **une** chemise bleu**e**, **des** sandales noir**es**.
>
> Les couleurs marron et orange sont invariables : une chemise marron, des sandales orange.
>
> Les adjectifs composés sont aussi invariables : une chemise bleu foncé, des sandales bleu clair.

6 Termine les phrases pour dire ce que tu portes dans chaque situation. Mentionne :

- 2–3 vêtements différents
- une description du vêtement

Le week-end, je porte une jupe en jean et un T-shirt blanc en coton.

a Pour aller à l'école, je porte ....
b Quand je sors en ville avec mes amis, je porte ....
c Pour fêter une occasion spéciale, je mets ....
d Quand je vais à la plage, je porte ....
e D'habitude pour faire du sport, je mets ....
f Le soir, quand je me relaxe chez moi, j'aime porter ....

Défi

7 Mets la conversation dans le bon ordre.

a ☐ **Employée :** Une robe et une paire de chaussures, d'accord. Et vous cherchez quel style vêtements ?

b ☐ **Cliente :** Je porte normalement une taille moyenne pour les robes. Et pour les chaussures, du 38.

c ☐ **Employée :** Des vêtements habillés. D'accord. Vous préférez une robe élégante de quelle couleur ?

d ☐ **Cliente :** Je veux des vêtements de style habillé, c'est pour une fête d'anniversaire. Je veux m'habiller de façon très chic.

e ☐ **Cliente :** Oui, je voudrais une robe, s'il vous plaît, avec une paire de chaussures assorties.

f ☐ **Employée :** Une robe rouge. Très bien. Et vous voulez quelle taille pour la robe ? Et quelle pointure pour les chaussures ?

g ☐ **Employée :** Voici une robe rouge fleurie en taille moyenne, avec une paire de chaussures assorties en 38. Vous pouvez les essayer dans la cabine d'essayage.

h ☐ **Cliente :** Rouge, s'il vous plaît, avec des fleurs.

i ☐ **Employée :** Bonjour, je peux vous aider ?

j ☐ **Cliente :** Merci.

8   Lis les textes et trouve les synonymes des mots. Complète les mots avec les lettres qui manquent.

Jenifer :
Moi, j'adore les vêtements. C'est très important pour moi d'avoir un look branché donc j'y consacre pas mal d'argent. J'aime bien regarder les magazines de mode et je m'inspire des tenues des célébrités aussi.

Arun :
La mode n'est pas très importante pour moi. Je mets presque toujours un vieux jean avec un sweat ou un T-shirt et des baskets. J'ai un look plutôt sportif. Je ne dépense pas beaucoup d'argent dans mes fringues, sauf pour les baskets. Les baskets cool sont généralement assez chères.

Fatima :
Pour moi, être à la mode c'est aussi avoir les accessoires qui vont bien avec sa tenue. Suivre la mode n'est pas forcément très coûteux. Avec de jolies boucles d'oreilles ou un beau collier on peut transformer un ensemble simple en tenue soignée.

a   à la mode   b _ _ _ _ _ _
b   les vêtements   les f _ _ _ _ _ _ _
c   excepté   s _ _ _
d   un ensemble   une t _ _ _ _
e   cher   c _ _ _ _ _ _
f   élégante   s _ _ _ _ _ _

Grammaire
Fondation

1   Lis la description des articles dans le magasin de vêtements et écris le bon prix sous les articles.

En commençant à gauche de l'image, le quatrième article coûte quarante euros. La première robe dans l'image (le septième article) coûte cinquante-deux euros. Le deuxième article coûte vingt-trois euros. Le sixième article (à côté des trois pantalons) coûte trente-quatre euros. Le dixième article coûte quatre-vingts euros et le onzième article coûte soixante-quinze euros.

2 Remplace l'article indéfini (un, une, des) avec l'adjectif démonstratif (ce, cet, cette, ces) qui convient.

  a un pantalon → .... pantalon

  b une chemise → .... chemise

  c un imperméable → .... imperméable

  d des sandales → .... sandales

  e une casquette → .... casquette

  f un blouson → .... blouson

3 Corrige l'adjectif interrogatif dans chaque question.

  a J'aime la couleur rouge. (Quel) .... couleur aimes-tu ?

  b Il veut acheter les chaussures noires. (Quelle) .... chaussures veut-il acheter ?

  c Ma mère porte souvent un pantalon bleu. (Quels) .... pantalon porte ta mère ?

  d Nous aimons les robes fleuries. (Quel) .... robes aimez-vous ?

  e J'adore porter de grosses chaussettes en laine. (Quels) .... chaussettes aimes-tu porter ?

  f Mon ami met un pull vert à carreaux pour sortir ce soir. (Quelle) .... pull met ton ami ?

Plus

4 Complète ces phrases avec la forme correcte de l'adjectif démonstratif (ce, cet, cette, ces). **Attention** aux accords !

  a Je trouve que .... T-shirt blanc me va très bien.

  b Tu aimes .... chaussures ? Moi, je les aime bien.

  c .... robe est vraiment jolie.

  d Ma mère veut acheter .... écharpe fleurie pour ma tante.

  e .... uniforme scolaire est vraiment démodé. Je ne l'aime pas du tout !

  f Mon frère veut porter .... pantalon bleu pour aller à la fête.

5 Complète ce dialogue avec la bonne forme de l'adjectif interrogatif (quel, quelle, quels, quelles). **Attention** aux accords !

A : **(a)** .... style de vêtements aimes-tu d'habitude ?

B : Généralement, je préfère porter des vêtements plutôt classiques et élégants.

A : Et pour la fête ce soir, **(b)** .... vêtements mets-tu ?

B : Je pense que je porte un pantalon avec une chemise et mes chaussures préférées.

A : **(c)** .... pantalon est-ce que tu portes ?

B : J'ai envie de mettre mon pantalon rouge.

A : Bonne idée. Et **(d)** .... chemise mets-tu avec le pantalon ?

B : D'habitude je mets ma chemise bleue mais ce soir je veux changer donc je choisis ma chemise blanche à carreaux.

A : J'aime bien ta chemise à carreaux. **(e)** .... sont tes chaussures préférées ?

B : Les noires avec des lacets. Et toi, **(f)** .... tenue mets-tu pour la fête ?

6 Complète les questions avec l'adjectif interrogatif. Puis associe chaque question à la réponse la plus appropriée.

a .... est ton magasin préféré ?

b .... style de vêtements préfères-tu ?

c .... sont tes couleurs favorites ?

d .... taille de pull voulez-vous ?

e .... pointure faites-vous ?

f .... est le prix ?

i D'habitude je prends des chaussures en 43.

ii J'aime les boutiques de vêtements.

iii Ça coûte 45 euros.

iv Je m'habille plutôt décontracté.

v Taille M, s'il vous plaît.

vi J'adore le rouge et le vert.

Défi

7 Complète le texte avec les mots de la liste.
Attention ! Il y a des mots que tu dois utiliser plusieurs fois.

| ce | ces | cette | deux | Deuxièmement | Premièrement | quel | quelles |

Pour être efficace quand on achète des vêtements, il y a des questions essentielles à se poser avant même d'aller au magasin :

- **(a)** ...., **(b)** .... style de vêtements est-ce que je recherche ?
- **(c)** ...., **(d)** .... couleurs et **(e)** .... matières me permettent de me sentir de mon mieux ?

Quand on essaie les vêtements au magasin, les **(f)** .... questions à se poser sont :

- Est-ce que **(g)** .... couleur me va bien ?
- Est-ce que **(h)** .... style me convient ?

Compréhension et expression

Fondation/Plus

1 Lis le texte et décide si les phrases sont vraies (V) ou fausses (F).
Corrige les phrases qui sont fausses.

> Bonjour, je m'appelle Manon. Ma sœur Julie aime porter un uniforme scolaire. Elle trouve que c'est assez élégant. Elle aime sa jupe noire et sa chemise blanche. Elle veut garder ses vêtements décontractés pour le soir et le week-end. Par contre, moi, je n'aime pas les vêtements élégants. Je préfère mettre des vêtements décontractés tout le temps. Ma tenue préférée est un jean bleu et un T-shirt rouge en coton. J'aime beaucoup les couleurs et j'ai un sweat multicolore que je mets souvent. En plus, j'ai de belles baskets de marque que j'adore. Je veux mettre mes baskets pour l'anniversaire de mon frère le mois prochain mais ma mère dit que je dois mettre des chaussures plus élégantes pour une occasion spéciale. Ça ne me va pas du tout ! Pour me détendre le soir à la maison, d'habitude je mets un pyjama et de grosses chaussettes en laine. Comme ça je suis bien au chaud pour regarder mes émissions préférées à la télé.

a	Pour aller à l'école, Julie porte un pantalon.	V / F
b	Julie porte des vêtements élégants le week-end.	V / F
c	Manon préfère les vêtements décontractés.	V / F
d	Manon aime porter un T-shirt de couleur uni.	V / F
e	Manon aime mettre des chaussures à talon.	V / F
f	Manon porte un jean quand elle se relaxe à la maison.	V / F

Plus/Défi

2 Lis les textes et réponds aux questions.

> **Anissa :**
> J'ai de la chance car j'aime beaucoup le style de mon uniforme. Je porte une robe bleu marine avec une chemise blanche mais on a le choix entre une jupe, une robe et un pantalon. Pour moi, l'uniforme crée un sentiment de fierté et d'appartenance.

> **Sarah :**
> Je ne suis pas d'accord avec ce règlement scolaire. Moi, j'ai envie de m'habiller comme je veux. Je sais ce qui me va bien. Pourquoi l'école doit décider pour moi ?

> **Emil :**
> À mon avis les vêtements sont un moyen important pour nous les jeunes d'exprimer notre identité. Je ne suis pas d'accord sur l'uniformisation de nos tenues même si l'uniforme réduit peut-être les inégalités.

> **Irène :**
> J'aime avoir mon propre style mais je trouve que l'uniforme est une bonne idée. Si tous les élèves s'habillent de la même manière, il y a moins de jalousies et de distractions. À l'école, il faut se concentrer sur les études, pas sur la mode !

> **Mehdi :**
> Ça ne me dérange pas de porter un uniforme pour aller à l'école. Cela me facilite la vie. Au moins, je sais quoi mettre quand je me lève le matin ! Et comme ça je peux garder mes vêtements cool pour le week-end.

a Qui est pour l'uniforme scolaire ? ....

b Qui est contre l'uniforme scolaire ? ....

c Note 4 arguments pour et 4 arguments contre :

Pour l'uniforme scolaire	Contre l'uniforme scolaire

3   Écris quelques phrases pour répondre aux questions.

   a   Qu'est-ce que tu portes pour aller à l'école ? (2–3 phrases)
   b   Quels sont tes vêtements préférés ? Pourquoi ? (2–3 phrases)
   c   Es-tu pour ou contre l'uniforme scolaire ? Pourquoi ? (3–4 phrases)
   d   Est-ce que la mode est importante pour toi ? Pourquoi ? (4–5 phrases)

Vidéo

4   Regarde la vidéo qui est dans le livre de l'élève et réponds aux questions.

   a   Entoure les vêtements et accessoires mentionnés dans la vidéo :

   > blouson   chaussettes   chaussures
   > ceinture   chemise   jean   maillot de bain
   > montre   pantalon   sac à dos   T-shirt   veste

   b   Complète cette phrase : Les vêtements connectés sont des outils intelligents car ils interagissent avec notre .... et notre ....

   c   À ton avis, qu'est-ce qui est le plus utile : un T-shirt qui mesure les battements du cœur ou un pantalon qui change de couleur selon la température ? Pourquoi ?

   d   Imagine que tu inventes un vêtement intelligent. Décris ton invention.

      C'est un/une .... qui peut ....

> Unités 3 et 4
Révise

1 Observe l'image et lis le commentaire sportif. Complète le texte avec les numéros cardinaux ou ordinaux. Écris les chiffres en toutes lettres.

Et c'est parti pour le grand défi qui est le marathon ! Tous les coureurs sont très courageux de participer à cette course à pied de plus de quarante-deux kilomètres, mais qui va gagner ? Pour l'instant, le numéro **(a)** .... est en premier. En **(b)** .... place nous avons le numéro sept. Coureur numéro **(c)** .... est en troisième position, suivi de près par le numéro **(d)** .... Le numéro dix-huit est placé en **(e)** .... position juste devant le numéro **(f)** .... En dernière place nous avons le numéro deux. Mais tout peut encore changer !

2 Complète les questions avec quel, quelle, quels ou quelles.

a .... est ton passe-temps préféré ?
b .... sorte de films aimes-tu ?
c Il joue de .... instruments de musique ?
d .... genre d'émissions de télé regardez-vous ?
e .... chansons connaissent-ils ?
f .... sont les livres qu'elle aime lire ?

3 Associe les questions et les réponses.

a Qui va au concert avec toi ?
b Où est-ce que tu fais de la lecture ?
c Combien d'instruments joues-tu ?
d Comment tu sais jouer aussi bien du piano ?
e Pourquoi tu aimes faire du dessin ?
f Quand est-ce que tu vas à la piscine ?

i Je fais de la natation tous les samedis.
ii J'y vais avec ma meilleure amie.
iii Parce que je pense que c'est relaxant.
iv Je joue de la guitare et du violon.
v D'habitude, je lis dans ma chambre.
vi Je m'entraîne tous les jours.

4 Trouve la tenue la plus appropriée pour chaque client dans ce magasin de vêtements.

   a Je fais souvent des activités en plein air comme des randonnées ou des sports d'équipe. Je cherche des vêtements confortables et pratiques. ☐

   b Je m'intéresse beaucoup à la mode et je fais souvent les magasins pour voir les nouvelles tendances. Je veux des vêtements branchés. ☐

   c Ce week-end, c'est la fête d'anniversaire de mon meilleur ami. On va au restaurant avec sa famille. Je veux une tenue chic mais je veux aussi me sentir à l'aise. ☐

   d Moi, je veux des vêtements d'intérieur pour me détendre le soir à la maison. Je porte un uniforme scolaire toute la journée alors le soir je veux une tenue beaucoup plus relax. ☐

   e Je cherche une tenue pour aller au concert de mon chanteur préféré. Il a un style très cool et je veux m'habiller comme lui. ☐

---

   i Cette robe rouge serrée à la taille avec la ceinture est très à la mode pour cette saison. Ces sandales vont très bien avec la robe.

   ii Ce blouson noir en cuir avec ce jean et ce T-shirt blanc offrent le look classique du chanteur de rock.

   iii Ce pantalon de jogging avec son sweat assorti permet de se sentir très à l'aise quand on est actif. Ces baskets sont adaptées à tous les jeux d'extérieur.

   iv Ce pyjama fleuri est très joli et il y a une robe de chambre assortie. Ces pantoufles douillettes sont la touche finale pour cet ensemble détente.

   v Ce pantalon bleu marine va parfaitement avec cette chemise à carreaux. C'est un ensemble qui est à la fois élégant et confortable.

5 Lis la description et dessine la tenue.
C'est un pantalon bleu à pois rose avec une chemise fleurie jaune et verte.
Les chaussures sont rouges avec des lacets orange.

Ensuite dessine une tenue originale et écris la description.
Ma tenue originale : ....

› Unités 1 à 4
Prêt ?

Lis

1 Regarde les images.
Pour chaque question, écris la bonne lettre (a–f) dans la case appropriée.

i	Je fais de la peinture.	☐
ii	Je joue de la batterie.	☐
iii	Je lis un roman.	☐
iv	Je chante dans une chorale.	☐
v	J'écris de la poésie.	☐
vi	Je joue du piano.	☐

2 Regarde les panneaux.
Pour chaque question, écris la bonne lettre (a–h) dans la case appropriée.

a    b    c    d

e    f    g    h

i   Je veux acheter un pull en laine. ☐

ii Ma sœur cherche un nouveau sac à main. ☐

iii Le café est au premier étage. ☐

iv Il y a de grandes réductions aujourd'hui ! ☐

v   Où est-ce qu'on doit payer pour nos achats ? ☐

Parle

3 Jeu de rôle au magasin de vêtements. Ton ami(e) est en vacances chez toi. Vous faites du shopping ensemble. Entraîne-toi à répondre aux questions.

a Qu'est-ce que tu veux acheter aujourd'hui ?

....

b Tu veux dépenser combien d'argent ?

....

c Qu'est-ce que tu portes pour aller à l'école ?

....

d Quel est ton style de vêtements préféré ? Pourquoi ?

....

e Qu'est-ce que tu veux faire après le shopping ?

....

CONSEIL

Quand tu fais un jeu de rôle, tes réponses doivent être courtes et doivent répondre directement à la question.

4 Questions de conversation générale. Thème : Ta vie
Entraîne-toi à répondre à ces questions à l'oral avec aux moins deux phrases pour chaque réponse. Tu peux utiliser les expressions dans le tableau pour t'aider à développer tes réponses.

- **a** À qui tu ressembles le plus dans ta famille ?
- **b** Quelle est ta pièce préférée chez toi ?
- **c** Qu'est-ce que tu fais comme passe-temps ?
- **d** Est-ce que la mode est importante pour toi ?

Opinions	Connecteurs	Intensificateurs	Adjectifs	Adverbes
À mon avis	et	très	agréable	toujours
Je pense que	aussi	assez	beau / belle	normalement
J'aime beaucoup	parce que	un peu	confortable	souvent
Je préfère	car	vraiment	divertissant(e)	de temps en temps
J'adore	mais		fascinant(e)	rarement
Je déteste	cependant		barbant(e)	ne … jamais
			décevant(e)	
			énervant(e)	
			frustrant(e)	
			pénible	

> **CONSEIL**
>
> Pendant la conversation générale, tes réponses doivent être plus longues et détaillées. Ajoute des exemples et d'autres détails. Donne ton opinion, et justifie-la. Utilise ce que tu as appris pour faire des réponses plus complexes.

Écris

5 Tu veux louer une maison de vacances. Complète la fiche en français.

Agence immobilière	
Mois de location	(a) ....
Localisation	campagne
Nombre de pièces désiré	(b) ....
Équipement dans la cuisine	Lave-vaisselle et (c) ....
Activités dans la région	(d) .... et (e) ....

6 a Corrige les 10 erreurs grammaticales **en gras**.

J'habites .... avec mes parents et **ma** .... frère.
Nous **habitez** .... dans une **petit** .... maison en ville.
Moi et **ma** .... frère **joue** .... au foot. Nous **aiment** ....
jouer dans le jardin. Je **porter** .... **une**.............. short et un T-shirt.
Mon frère porte un jean et **une** .... sweat.

b Réécris le texte et rajoute des mots pour rendre le texte plus intéressant.

....
....
....
....

7 Réponds aux questions et écris environ 80 mots en français.
N'oublie pas d'utiliser des connecteurs pour lier tes idées.

- Qui sont les membres de ta famille ?
- Où habitez-vous ?
- Quels passe-temps fais-tu avec ta famille ?
- Qu'est-ce que tu mets comme vêtements pour un week-end à la maison ?

....
....
....
....
....
....
....
....
....
....

Unité 5
Bon appétit

Vocabulaire

Fondation

1   Trouve les 15 aliments et boissons dans la grille, et classe-les dans le tableau.

| agneau | ananas | brocoli | cerise | champignon | coca | eau |
| haricot | lait | noisette | poivre | pomme | poulet | riz | saucisse |

```
C F R W S E R E E S J N V M O
C H P I R J U T P A K M K Q S
U H A V I O R T Y N G G Q A U
Y A I M C V T E X A V W U A O
C O E J P A V S H N T C K I U
P D C N R I I I A A I S L F E
S T C E G Z G O P S Y O Y E Y
T O C I R A H N S O C N A I I
P O M M E U W E O O U U Q B R
Q R I A F T B D R N V L E R S
G E I D V H T B A X A L E K O
C R D R H X G I A U O I U T F
O I I M D K A M A A K O Y P L
C Z H C E R I S E L Y V V E K
A N J E T J B L P H J E A A D
```

Fruits	Légumes	Viande	Autres aliments	Boissons

2 Écris le nom des ustensiles.

| une assiette | un bol | un couteau | une fourchette |
| une marmite | une tasse | | |

a .... d ....

b .... e ....

c .... f ....

3 Lis et complète le texte avec les mots de la liste.

| entrée | goûter | céréales | petit déjeuner |
| dîner | dessert | déjeuner | tartines |

En France, le repas du matin s'appelle le (a) ....

On mange du pain avec du beurre et de la confiture. Cela s'appelle

des (b) .... Ou alors on prend un bol de lait

avec des (c) .... Le repas du midi s'appelle le

(d) .... Il y a souvent une (e) ....,

un plat principal et un (f) .... Vers quatre heures

de l'après-midi, c'est l'heure du (g) ...., surtout pour

les enfants. Et le soir, le repas s'appelle le (h) ....

Plus

4 Associe les débuts et les fins de phrase.

a D'habitude pour le petit déjeuner…

b À midi je mange à la cantine de l'école et je…

c Mon ami est végétarien alors…

d Le soir, je dîne avec ma famille. D'abord on…

e Comme plat principal, mon plat préféré est des…

f Ensuite, pour le dessert…

i prend des crudités en entrée.

ii il ne mange jamais de viande.

iii prends souvent de la viande avec des pommes de terre ou du riz.

iv je mange des tartines et je bois du café.

v on mange un fruit, un yaourt ou parfois une glace.

vi pâtes avec de la sauce tomate.

5 Termine les phrases pour décrire tes repas.

D'habitude, pour le petit déjeuner je mange ....

et je bois ....

À midi, je mange .... et je prends souvent

....

Le soir, je dîne avec .... D'abord on

.... Mon plat préféré ....

Pour le dessert ....

Défi

6 Lis le texte et trouve le nom de chaque type de restaurant pour compléter les phrases. Ensuite, complète la dernière phrase avec tes propres idées.

> En France et dans d'autres pays du monde, il existe de nombreux types de restaurants. Par exemple, un restaurant gastronomique propose une cuisine raffinée et un service élégant. Un fast-food est un restaurant rapide et pratique, où l'on peut commander des hamburgers ou des frites. Dans une pizzeria, on peut manger différentes sortes de pizzas, souvent cuites dans un four à bois. Et on peut manger d'autres plats italiens comme des pâtes. Un bistrot français offre des plats traditionnels comme le steak-frites ou la soupe à l'oignon. Enfin, un restaurant végétarien se spécialise dans les plats sans viande, avec beaucoup de légumes et de produits frais.

    a Un .... propose des plats rapides comme les hamburgers et les frites.

    b Dans une ...., on peut commander une pizza quatre fromages.

    c Le .... est connu pour son service élégant et ses plats raffinés.

    d Un .... offre des plats français traditionnels comme la soupe à l'oignon.

    e Au ...., on ne trouve pas de viande mais beaucoup de légumes.

    f Moi, je préfère aller dans un / une .... car j'aime

       manger ....

Grammaire

Fondation

1   Entoure le bon article partitif dans chaque phrase. N'oublie pas qu'après une expression négative ou une expression de quantité, on met « de ».

   a   À la boulangerie, on achète (du / de la / de l') pain et (de la / de l' / des) croissants.

   b   Aujourd'hui, nous mangeons (du / de l' / de la) viande avec (du / de la / des) frites et (de la / de l' / de) salade.

   c   Comme dessert, il y a (de / de la / des) fruits, mais il n'y a pas (de / de la / des) fromage ce soir.

   d   Mon frère boit un litre (du / de / des) lait par jour.

   e   Donnez-moi deux kilos (de / de l' / des) bananes, (de / de l' / des) fraises et un bouquet (de / de l' / des) fleurs, s'il vous plaît.

   f   Je voudrais une bouteille (du / de la / de) soda et un paquet (du / de la / de) chips, s'il vous plaît.

2   Lis le texte et mets les images dans l'ordre.

   Mon repas préféré de la journée est le petit déjeuner. D'abord, je prends un bol de céréales avec un peu de lait. Ensuite, je sors le pot de confiture du placard et je mets du beurre et de la confiture sur des tranches de pain. J'adore les tartines ! Ma mère boit toujours une tasse de café le matin mais moi je ne bois pas de café. Pour moi, c'est un verre de jus d'orange. À huit heures, je prends ma bouteille d'eau et je pars pour l'école avec le ventre bien rempli !

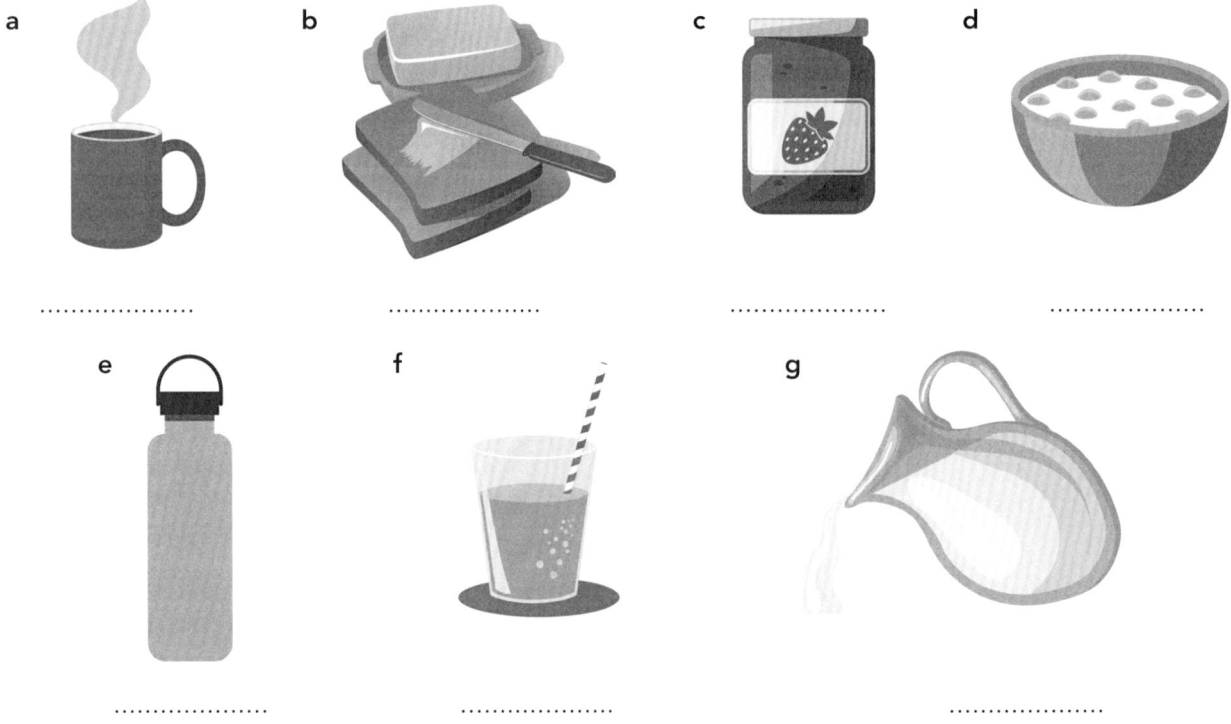

3 Mets les verbes entre parenthèses à la forme « tu » de l'impératif pour compléter la recette du gâteau au yaourt.

   a .... (*mettre*) un yaourt dans un saladier.

   b .... (*garder*) le pot pour mesurer la farine, le sucre et l'huile.

   c .... (*verser*) trois pots de farine dans le saladier avec le yaourt.

   d .... (*ajouter*) deux pots de sucre.

   e .... (*incorporer*) un pot d'huile, deux œufs et un sachet de levure.

   f .... (*mélanger*) tous les ingrédients.

Réécris la recette en transformant les verbes à la forme « vous » de l'impératif.

....
....
....
....
....
....
....
....

Plus

4 Complète les phrases avec la bonne forme de l'article partitif (du / de la / de l' / des / de / d').

   a Je mange .... pain et .... beurre et je bois .... limonade.

   b Vous voudriez un kilo .... pommes ou deux barquettes .... fraises, Monsieur ?

   c Mon père achète .... baguettes de pain à la boulangerie.

   d Je suis désolé. Nous n'avons pas .... œufs aujourd'hui.

   e Ils mangent beaucoup .... bonbons pendant les vacances.

   f Je te sers un peu .... gâteau et .... crème anglaise, Sabine?

5 Complète le tableau avec la bonne forme des verbes irréguliers à l'impératif.

Sujet	avoir	être	savoir
tu			sache
vous		soyez	
nous	ayons		

Ensuite, choisis le bon verbe (avoir / être / savoir) et conjugue-le pour compléter les phrases.

a .... attentifs quand on vous parle. (vous)

b .... écouter les autres. (tu)

c .... l'intelligence de savoir quand il faut partir. (nous)

d .... du respect pour les autres à table. (tu)

e .... poli même si vous n'aimez pas le plat principal. (vous)

f .... inclure tous les invités dans la conversation. (nous)

Défi

6 Complète le dialogue avec les mots de la liste.
Attention ! Tu dois conjuguer les verbes à l'impératif.

| du   de la   d'   des   de x3   acheter x2 |
| aller   être   faire   prendre |

Mme Martin : J'ai trop .... travail aujourd'hui. Tu peux aller au supermarché pour moi, s'il te plaît ?

Lucas : Bien sûr Maman. Qu'est-ce que je dois prendre ?

Mme Martin : .... des fruits et légumes.

Lucas : D'accord. J'achète combien de fruits et légumes ?

Mme Martin : .... un kilo .... pommes de terre et beaucoup .... carottes. Je veux faire .... soupe.

Lucas : Super ! J'aime beaucoup la soupe aux légumes. Si tu as le temps, ... aussi un gâteau Maman, s'il te plaît.

Mme Martin : D'accord, ... aussi .... yaourt, ... œufs et une bouteille ....huile.

Sarah : Je peux aller avec Lucas, Maman ?

Mme Martin : D'accord ....-y tous les deux et .... sages !

Compréhension et expression

Fondation/Plus

1 Entraîne-toi à prononcer ces phrases à haute voix.
Fais attention à la prononciation de la fin des mots.

   a   Ces six saucisses sont super salées.

   b   Je crois que ces croissants sont croustillants.

   c   J'aime ce jus d'orange juteux.

   d   Pierre préfère les poivrons parce qu'il pense qu'ils sont parfaits.

   e   À la belle boulangerie on achète de belles baguettes.

   f   Ma tante déguste trois tartines et une tarte tatin.

CONSEIL

Prononciation :
- Au présent, on prononce seulement la terminaison des personnes « nous » et « vous ».
- La lettre finale est en général muette.
- Si un mot se termine par un « e », on ne le prononce pas, sauf s'il se termine par « é ».

Plus/Défi

2 Frédéric est un chef étoilé passionné par la cuisine.
Lis cet entretien et entoure la bonne réponse.

Bonjour Frédéric. D'abord, comment est-ce qu'on devient chef étoilé ?

Pour moi, la cuisine est similaire à la médecine : il faut apprendre les bases à l'école, mais on doit travailler dans des conditions réelles pour devenir un vrai chef. Il faut avoir une bonne mémoire pour être cuisinier, car on retient les meilleures recettes de chaque restaurant où on travaille, comme une sauce spéciale ou une façon de préparer les légumes. Ensuite, chaque chef crée son propre style, comme un artiste.

Et quel est votre style ?

J'aime bien remplacer certains ingrédients pour améliorer des plats. J'adore l'acidité des fruits comme les citrons ou les oranges. Je préfère cuisiner léger, sans trop de beurre ou de crème, et je propose un menu spécial pour les végétariens et végétaliens.

Quel est votre plat signature ?

En ce moment, je prépare du canard au citron vert. Mais il y a beaucoup de plats que j'aime et qui me représentent. À mon avis, une bonne recette dure dans le temps et certains clients reviennent pour des plats anciens. Enfin, j'aime beaucoup les produits sauvages, comme les champignons, surtout à l'automne et au printemps. Pour moi, la cuisine suit le rythme des saisons.

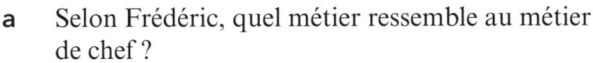

a Selon Frédéric, quel métier ressemble au métier de chef ?

   i   musicien
   ii   médecin
   iii peintre
   iv   athlète

b Quelle qualité est importante pour être cuisinier, selon Frédéric ?

   i   patience
   ii   force
   iii rapidité
   iv   mémoire

c Quels fruits Frédéric aime-t-il utiliser ?

  i pommes et poires
  ii fraises et cerises
  iii citrons et oranges
  iv bananes et kiwis

d Frédéric préfère cuisiner…

  i sans trop de produits laitiers
  ii avec beaucoup de beurre
  iii seulement avec de la viande
  iv avec beaucoup de sel

e Quel plat Frédéric prépare-t-il en ce moment ?

  i poulet rôti
  ii canard au citron vert
  iii tarte aux pommes
  iv ratatouille

f Frédéric pense qu'une bonne recette…

  i change tout le temps
  ii dure dans le temps
  iii est toujours sucrée
  iv n'a pas besoin d'ingrédients spéciaux

3 Écris un court paragraphe au sujet de la nourriture.
Essaie de varier le vocabulaire. Mentionne les points suivants :

- Quel repas de la journée préfères-tu ? Pourquoi ?
- Quel type de restaurant aimes-tu ? Pourquoi ?
- Fais-tu la cuisine ? Pourquoi ? Pourquoi pas ?
- Imagine un nouveau restaurant. Décris ton plat signature.

....
....
....
....
....

Vidéo

4 Regarde la vidéo qui est dans le livre de l'élève et réponds aux questions.

  a Quand on verse le thé à la menthe, quel est la principale caractéristique de chaque verre ?

   i Dans le premier verre le thé est ………………………………………
   ii Dans le deuxième verre le thé est ………………………………………
   iii Dans le troisième verre le thé est ………………………………………

  b Pourquoi est-ce qu'on boit souvent le thé à la menthe après un repas ?

  c Qu'est-ce que tu bois généralement quand il fait chaud ? Pourquoi ?

  d Décris un plat ou une boisson traditionnel(le) de ton pays.

Unité 6
Aïe, ça fait mal

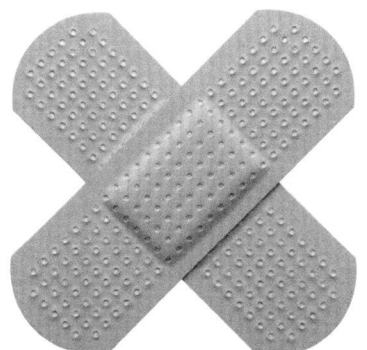

Vocabulaire

Fondation

1 Remets les lettres dans l'ordre pour former des mots.
Écris le genre correct (m / f) et chaque partie du corps dans ta propre langue.

		le / la	En français	Dans ta propre langue
a	u c b o h e			
b	s r a b			
c	u r c œ			
d	n d e t			
e	s o d			
f	e n o u g			

2 Complète les phrases avec « au », « à la », « à l' » ou « aux ».

a Paul a mal .... tête.
b Mon père a mal .... doigt.
c J'ai mal .... oreilles.
d Ils ont mal .... ventre.
e Elle a mal .... jambe.
f Nous avons mal .... bras.

3 Trouve les 10 mots dans la grille.

```
S U B J V M I G P E
A C H E V I L L E T
V O G R I I R I X E
O R O U S I R O N E
N P R H A F O I Y I
T S G S G T R P J V
E R E T E T T M A R
C E N I I O E A M E
O S N O I E I H B S
U V P E A U L S E A
```

cheville
corps
cou
gorge
jambe
orteil
os
peau
poitrine
visage

Plus

4 Complète les phrases avec les mots de la liste. **Attention !** Il y a des mots en trop !

| exercice | blessure | cœur | dents | cheville | dentiste | forme |
| gorge | nez | oreilles | rendez-vous | sparadrap | bouche |

- a Pour manger, on utilise la ....
- b J'ai une .... à la cheville ! Je dois mettre un ....
- c Il est important de faire de l'.................... pour être en ....
- d Elle a mal aux ...., alors elle va chez le ....
- e Mon .... bat vite quand je suis stressé.
- f Pour respirer, on utilise le .... ou la bouche.

5 Classe les phrases dans la bonne colonne.

| fatigué | la grippe | en bonne santé | une allergie aux œufs |
| au régime | de la fièvre | enrhumée |

être	avoir

Défi

6 Mets le dialogue entre le docteur et le patient dans le bon ordre.

- a ☐ D'accord. Qu'est-ce que vous conseillez ?
- b ☐ Bonjour, qu'est-ce qui ne va pas exactement ?
- c ☐ D'accord Docteur. Je vais suivre vos conseils.
- d ☐ Je vois. Vous avez peut-être une infection respiratoire.
- e ☐ Je vais vous donner des médicaments et vous devez vous reposer. Buvez beaucoup d'eau et restez à la maison.
- f ☐ J'ai de la fièvre, une toux persistante, des maux de tête et je suis très fatigué.
- g ☐ 1 Bonjour Docteur, je me sens malade depuis quelques jours.
- h ☐ Bonne idée – j'espère que ça ira mieux bientôt. Au revoir.

7 Mets le dialogue entre le docteur et le patient dans le bon ordre.

a ☐ Et si la douleur persiste ?
b ☐ Avez-vous fait un effort physique intense récemment ?
c ☐ Merci Docteur. Je vais suivre vos conseils.
d ☐ Bonjour Docteur. Non, j'ai mal aux bras et au dos.
e ☐ Oui, j'ai soulevé des objets lourds au travail.
f [1] Bonjour, Monsieur. Vous ne vous sentez pas bien ?
g ☐ C'est probablement une tension musculaire. Appliquez de la chaleur sur la zone douloureuse et évitez de soulever des charges lourdes.
h ☐ Revenez me voir, Monsieur.

Grammaire

Fondation

1 Écris la préposition sous la bonne image.

a
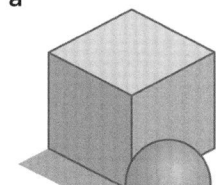
....

b
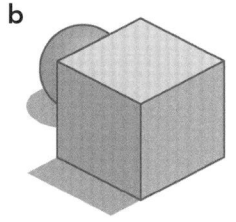
....

c
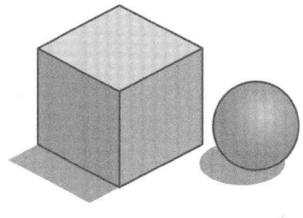
....

> au-dessus   derrière   dans
> à côté de   entre   devant

d
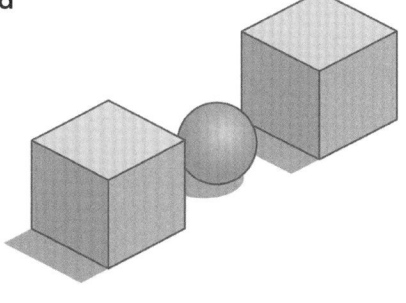
....

e
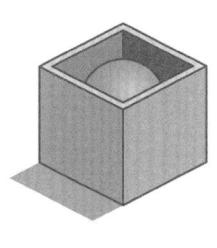
....

f
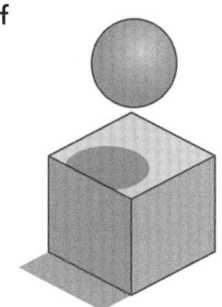
....

2 Entoure le bon pronom réfléchi pour chaque phrase, puis traduis les phrases dans ton cahier.

a Je (me / te / nous) lève tôt pour faire de l'exercice chaque matin.
b Je (te / me / nous) brosse les dents après chaque repas.
c Il (vous / nous / se) couche toujours avant 22 heures pour bien dormir.
d Nous (nous / vous / se) lavons les mains avant de manger pour éviter les maladies.
e Tu (te / se / me) reposes après une journée de sport intense.
f Vous (nous / se / vous) détendez avec un livre après une longue journée.

3 Entoure la forme correcte de chaque verbe.

a Quand je suis fatiguée, je me (repose / reposes) pendant une heure.
b Elle se (laves / lave) les mains avant de manger.
c Après une longue journée, ils se (détend / détendent) avec une séance de yoga.
d Tu te (couches / couche) tôt pour rester en bonne santé.
e Nous nous (réveillons / réveille) tous les jours à 6 heures pour faire du sport.
f Vous vous (blesses / blessez) souvent quand vous faites du ski ?

Plus

4 Choisis la préposition qui convient le mieux pour chaque phrase.

a Il faut faire des étirements (devant / après) chaque séance de sport.
b Mettez votre tapis de yoga (sur / derrière) le sol avant de commencer.
c Buvez de l'eau (entre / pendant) toute la journée pour rester hydraté.
d Mangez des légumes frais (à / dans) chaque repas.
e Faites une promenade (pendant / après) le déjeuner pour améliorer votre digestion.
f Placez votre bureau (avec / près de) la fenêtre pour profiter de la lumière naturelle.

5 Mets les mots dans le bon ordre pour faire une phrase.

a levons / pour / Nous / nous / tôt / rester / en / bonne santé
b toujours / brosse / Je / soigneusement / me / les dents / après / les repas
c tard / couchez / si / Vous / vous / voulez / ne / en forme / pas / rester / vous
d je / Quand / repose / je / malade / me / souvent / suis
e beaucoup / s'inquiète / leur santé / Elle / pour / sa famille / et / pendant l'hiver
f relaxer / préfère / Je / après le travail / une soirée / productive / me / pour

Défi

6 Complète les phrases avec les prépositions de la liste. **Attention !** Il y a des prépositions en trop.

> sur   de   par   pendant   afin
> au milieu de   avec   pour   au dessus de

- **a** Il est important de dormir au moins huit heures .... nuit.
- **b** Placez votre tapis de yoga .... la pièce pour avoir plus d'espace.
- **c** Il est recommandé de marcher .... trente minutes par jour.
- **d** Les fruits et légumes sont essentiels .... une alimentation équilibrée.
- **e** Buvez de l'eau .... chaque repas pour rester hydraté.
- **f** Il faut se coucher tôt .... d'être en forme le lendemain.

7 Conjugue le verbe pronominal au présent.

- **a** À quelle heure (*se lever*) ....-tu habituellement le matin ?
- **b** Combien de fois (*se brosser*) ....-vous les dents par jour ?
- **c** Comment (*se sentir*) ....-tu après avoir fait de l'exercice ?
- **d** Comment (*se relaxer*) .... -t-elle après une longue journée de travail ?
- **e** Avec qui (*se promener*) ....-tu le dimanche après-midi ?
- **f** Comment nous (*se protéger*) .... du soleil en été ?

Compréhension et expression

Fondation/Plus

1 Lis l'e-mail et entoure la bonne réponse.

> Cher Tayeb,
>
> Tu vas bien ? Je voudrais aller au cinéma avec toi samedi prochain mais malheureusement, je ne peux pas. Je suis vraiment malade ! Je suis allée chez le médecin et il m'a conseillé de rester au lit pendant une semaine. J'ai mal à la tête et je vomis. 😣 Ce n'est pas amusant. Je n'arrive pas à faire mes devoirs !
>
> Ma mère m'apporte des choses à manger dans ma chambre mais je n'ai pas tellement d'appétit. J'ai plutôt soif, alors je bois beaucoup de l'eau. Je m'ennuie totalement, alors je passe beaucoup de temps sur mon portable. J'aimerais bien sortir et me promener un peu dans le jardin.
>
> Et toi ? Que fais-tu en ce moment ?
>
> Lydia

a Lydia écrit à Tayeb car elle…

  i a mal aux yeux
  ii est fatiguée
  iii ne va pas bien du tout

b Le docteur lui recommande de rester au lit…

  i pendant deux jours
  ii pendant une semaine
  iii pendant quelques heures

c Lydia n'a pas…

  i de temps libre
  ii de devoirs
  iii faim

d Lydia préfère…

  i boire
  ii dormir
  iii regarder la télé

e Lydia passe son temps…

  i sur son téléphone
  ii dans le jardin
  iii dans la cuisine

Plus/Défi

2 Lis le texte. C'est quel membre de la famille ?

> Cher Pierre,
>
> Je suis désolée de te dire que nous ne pourrons pas sortir ce week-end ! Toute ma famille est malade en ce moment. Papa a la grippe et il a de la fièvre. Maman a une allergie terrible aux fraises et elle se sent très mal. Mon frère, Hervé, s'est cassé le bras en tombant de son vélo, et il doit rester allongé. Ma sœur, Mélanie, a mal à la tête et au ventre, et elle vomit souvent. Même notre chien, Maldive, est malade, il a une blessure à la patte. Moi, je suis enrhumée et très fatiguée. Nous devons tous rester à la maison pour nous reposer et nous soigner. J'espère que nous pourrons te voir aussi vite que possible : il faut qu'on se réorganise !
>
> À bientôt,
>
> Caroline

a Cette personne a un rhume, se sent épuisée et doit se reposer. ....

b Cette personne souffre de maux de tête et d'estomac. ....

c Cette personne a une temperature élevée. ....

d Cette personne a eu un accident et s'est blessée. ....

e Cette personne doit éviter certains aliments. ....

f Qui n'a pas été mentionné dans les questions a–e ? ....

3 Écris 3–4 remarques pour aider à répondre aux questions.
Ensuite, entraîne-toi à prononcer tes réponses à haute voix.

a Qu'est-ce que tu manges et bois normalement pour rester en forme ?

b Préfères-tu faire de l'exercice avec des amis ou tout seul ?

c Explique pourquoi tu aimerais ou n'aimerais pas être végétalien(ne).

4 Tu es en Belgique et tu dois aller chez le médecin.
Écris des réponses possibles aux questions suivantes.

Docteur : Bonjour, Monsieur/Mademoiselle! Alors, où est-ce que tu as mal exactement ?

Ta réponse : ....

Docteur : Tu as ce problème depuis combien de temps ?

Ta réponse : ....

Docteur: Quel autre problème as-tu?

Ta réponse : ....

Docteur : Je te conseille de prendre ces médicaments. Tu préfères un sirop ou des comprimés ?

Ta réponse : ....

Docteur : Bonne idée ! Est-ce que tu aimes notre pays ? Pourquoi ?

Ta réponse : ....

> **CONSEIL**
>
> Dans une situation de jeu de rôle, donne des réponses courtes et réponds à la question de manière concise.

5 Écris un court paragraphe sur la santé. Tu peux mentionner :

- les avantages et les inconvénients d'être végétarien(ne)
- ce qu'il faut éviter de faire pour garder la forme
- comment on peut encourager les jeunes à mener une vie saine.

Vidéo

6 Regarde la vidéo qui est dans le livre de l'élève et réponds aux questions.

a Qu'est-ce que la télémédecine ?

b Complète le paragraphe avec les mots qui manquent.

> L'IA est utile pour **(i)** .... et personnaliser les traitements.
> Pour les diabétiques, c'est révolutionnaire ! Grâce à leur
> **(ii)** .... portable, ils peuvent maintenant savoir ce qu'ils peuvent
> **(iii)** .... Les patients peuvent voir leur taux de **(iv)** ....
> dans le sang sur leur téléphone et **(v)** .... ces informations avec
> leur **(vi)** ....

c Préfères-tu voir un médecin en personne ou à distance ?

d Tu aimerais te faire opérer par un robot ? Pourquoi ? Pourquoi pas?

> Unités 5 et 6
Révise

1 Devine les lettres pour trouver la solution.

A	B	C	D	E	F	G	H	I	J	K	L	M	N	O	P	Q	R	S	T	U	V	W	X	Y	Z
17			15									1		19			3								

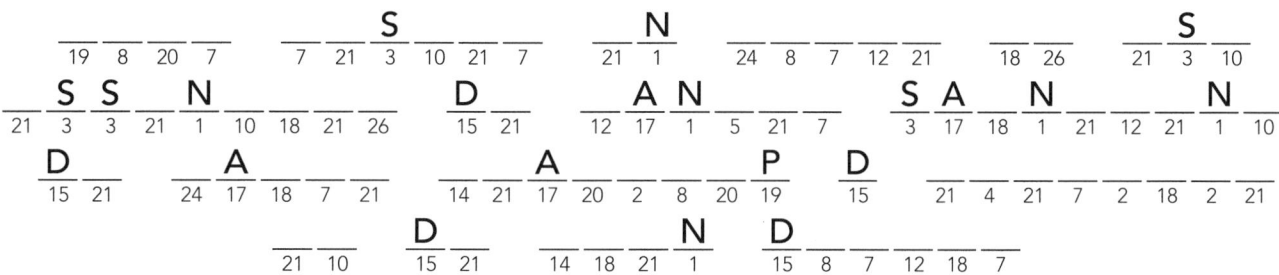

2 Complète les conseils avec le bon verbe à l'impératif.

| boire   marcher   arrêter   prendre   manger   faire   éviter |

Avec « tu » :

a .... au moins cinq portions de fruits et de légumes par jour !

b .... beaucoup d'eau pour rester hydraté !

c .... de l'exercice régulièrement, au moins 30 minutes par jour !

Avec « vous » :

d .... de consommer trop de sucres et de graisses !

e .... le temps de vous détendre et de gérer votre stress !

f .... au lieu de prendre la voiture pour les trajets courts !

3 Organise ces 16 mots en 4 catégories de 4 mots et donne un titre à chaque catégorie.

| préparer | eau minérale | soupe | frites | grignoter | fruits de mer | agneau | fromage |
| couteau | glace | yaourt | déjeuner | fourchette | gâteau | dîner | potage |

4 Lis le texte de Kevin et réponds aux questions.

> Salut ! Ici Kevin. Qui décide des menus à la cantine ? Les mairies gèrent les cantines des écoles primaires mais ne choisissent pas les repas. Elles recrutent des cuisiniers ou des entreprises. L'avis des élèves est partagé : certains critiquent la qualité des plats, d'autres aiment le pain et les yaourts. Un rapport indique qu'un élève sur trois ne finit pas son assiette. Selon Stéphane Soubirous, les cantines doivent limiter les fritures et proposer un menu végétarien hebdomadaire depuis 2019. Un sujet complexe, mais une règle essentielle : offrir une alimentation équilibrée.

a Qui prépare les repas servis dans les cantines scolaires ?

....

b Pourquoi les élèves ont-ils des avis différents sur la nourriture servie à la cantine ? (2 détails)

....

....

c Quelles sont les règles que les cantines doivent respecter concernant l'alimentation des élèves ? (3 détails)

....

....

....

5 Écris un paragraphe pour répondre aux questions.

- Manges-tu régulièrement à la cantine de ton école ?
- Que penses-tu de la nourriture scolaire ?
- As-tu un plat préféré ?

Unité 7
Bougeons

Vocabulaire

Fondation

1 Trouve les 11 sports dans la grille (ils sont dans tous les sens).
Ensuite, entoure les sports d'équipe et souligne les sports individuels.

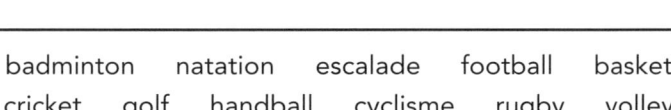

2 Associe les débuts et les fins de phrases.

a Je joue au…
b Ils font de…
c Mon sport préféré c'est le surf…
d Pierre préfère les sports collectifs…
e Vous jouez au…
f On fait de la planche…

i …à voile quand il fait beau.
ii …tennis avec mes amis le dimanche.
iii …car il aime s'entraîner avec ses amis.
iv …car j'adore les sports aquatiques.
v …hockey trois fois par semaine.
vi …l'athlétisme tous les samedis matin.

Plus

3 Écris des phrases et ajoute une opinion en utilisant les adjectifs de la liste.

😟	🙁	🙂	😍	👍
je déteste	je n'aime pas	j'aime	j'adore	mon sport préféré

passionnant   agréable   amusant   dangereux   différent   ennuyeux
facile   fatigant   difficile   génial   palpitant   populaire   stimulant

🙁 / 🏊 Je n'aime pas la natation parce que c'est difficile.

a 😟 / ⚽ ....

b 😍 / 🎾 ....

c 🙂 / 🏸 ....

d 👍 / 🚲 ....

e 😟 / 🏊 ....

4 Complète le texte avec les mots de la liste. **Attention** ! Il y a des mots en trop !

balle   ballon   compétition   course   court de tennis   jeu   médaille
prix   supporter   voile   yoga

Ici Noha ! En Algérie, le sport est une grande passion pour moi et mes amis. Chaque week-end, nous jouons au football avec un **(a)** .... sur le terrain du quartier. Mon frère préfère le tennis sur un **(b)** ...., et il rêve de gagner une **(c)** .... un jour. Moi, j'adore faire du yoga pour me relaxer après l'école. En été, nous allons à la plage pour nager et parfois faire de la **(d)** .... sur la mer Méditerranée. Mon oncle est un grand **(e)** .... de l'équipe nationale et regarde chaque match avec enthousiasme. Quand il y a des compétitions, tout le monde espère gagner une **(f)** ...., mais parfois, il faut accepter de perdre une **(g)** .... Après chaque événement, nous aimons prendre des photos pour garder des souvenirs. Le sport, c'est plus qu'un **(h)** .... : c'est une façon de partager des moments uniques avec ceux qu'on aime !

7 Bougeons

Défi

5   Lis le texte et trouve les synonymes des mots de la liste.

L'année dernière, le Lycée Sainte-Victoire a organisé une journée sportive mémorable. Les élèves, de la seconde à la terminale, ont participé à des compétitions captivantes. Certains ont fait de l'athlétisme et ont couru sur la piste, tandis que d'autres ont joué au foot sur le terrain et ont marqué des buts impressionnants. En même temps, une équipe particulièrement énergique a choisi de jouer au basket et a montré une grande maîtrise de ce sport. La compétition de badminton a également été intense, nécessitant des raquettes solides et de la précision.

À la fin, les gagnants ont reçu des médailles. Cette journée sportive restera gravée dans nos mémoires comme une des plus réussies du lycée. Bravo à tous !

a   planifié   ....   d   spectaculaires   ....
b   passionnantes   ....   e   dynamique   ....
c   pratiqué   ....   f   inoubliable   ....

Grammaire

Fondation

1   Remplis le tableau avec la bonne forme de l'adjectif comparatif.

	Adjectif	Masculin singulier	Féminin singulier	Masculin pluriel	Féminin pluriel
	rapide	il est plus rapide que moi	elle est plus rapide que moi	ils sont plus rapides que moi	elles sont plus rapides que moi
1	sportif			ils sont plus sportifs que moi	
2	fort		elle est plus forte que moi		
3	ambitieux				
4	dangereux				elles sont plus dangereuses que moi
5	déterminé	il est plus déterminé que moi			
6	fatigant		elle est plus fatigante que moi		

2 Entoure la bonne option pour compléter la phrase.

   a Ce vélo est (moins rapide / le moins rapide) que l'autre.

   b Cette joueuse est (plus forte / la plus forte) de l'équipe.

   c La course à Paris est (plus longue / la plus longue) que la course à Montréal.

   d Une balle de cricket est (plus légère / la plus légère) qu'un ballon de tennis.

   e L'entraînement d'hier était (moins difficile / le moins difficile) de la semaine.

   f Ce stade est (plus grand / le plus grand) de la ville.

Plus

3 Complète les phrases avec un pronom démonstratif (celui, celle, ceux, celles). Dans les phrases d–f, rajoute aussi « -ci » ou « -là ».

   a Quel ballon veux-tu pour le match, ...-ci ou ....-là ?

   b Je préfère ces chaussures de sport, ...-ci sont plus confortables que ....-là !

   c Tu veux quelle raquette, ...-ci ou ....-là ?

   d Regarde ces deux vélos, ... est plus rapide, mais .... est plus léger.

   e Tu veux essayer ces gants de boxe, ... ou .... ?

   f Parmi ces deux paires skis, ... est plus adapté aux débutants et .... aux experts.

4 Transforme chaque phrase en utilisant un adjectif superlatif. N'oublie pas l'accord de l'adjectif, masculin ou féminin !

   *C'est **un** jeu amusant. → C'est **le** jeu le plus amusant.*

   a C'est une piste difficile. ....

   b C'est un ballon léger. ....

   c C'est une bonne équipe. ....

   d C'est un court de tennis moderne. ....

   e C'est une médaille précieuse. ....

   f C'est un mauvais match. ....

Défi

5 Lis le texte de Josiane et remplis le tableau.

Je m'appelle Josiane. J'adore l'aviron et je fais partie de l'équipe de l'école depuis deux ans. On est trois dans l'équipe : Michèle, Fatima et moi. Je suis assez forte et Michèle est plus forte que moi, mais Fatima est encore plus forte qu'elle ! Michèle n'est pas aussi dynamique que Fatima, mais moi je suis la plus dynamique. Michèle n'est pas aussi rapide que Fatima et je dirais que c'est moi qui suis la moins rapide. Michèle est plus grande que moi, et Fatima est la moins grande. Michèle est plus motivée que Fatima et je suis moins motivée que Fatima. Mais on s'entend très bien quand même !

	la moins	au milieu	la plus
forte	Josiane	Michèle	Fatima
dynamique			
rapide			
grande			
motivée			

> **CONSEIL**
>
> Utilise « le plus » ou « le moins » si le sujet es masculin. Si le sujet est féminin, utilise « la plus » ou « la moins ».

6 Écris des phrases similaires à l'exercice 5 en utilisant les informations du tableau.

	le moins	au milieu	le plus
grand	Benjamin	David	François
sportif	Christophe	François	Benjamin
marrant	Christophe	François	David
intelligent	Benjamin	François	David
aimable	Christophe	François	Benjamin

a grand

....

....

b sportif

....

....

c marrant

....

....

d intelligent

....

....

e aimable

....

....

Compréhension et expression

Fondation/Plus

1 Lis le texte et entoure la bonne réponse.

> Bonjour, je m'appelle Nicolas. Je suis passionné par le sport et j'essaie d'être actif tous les jours. Mon sport préféré est le rugby parce que j'aime bien jouer en équipe. Mes coéquipiers et moi nous entraînons deux fois par semaine et nous avons des matchs le week-end. Pendant l'été, je fais aussi du VTT. J'adore explorer les forêts et les montagnes avec mes amis, mais parfois c'est dangereux. J'aime les sports d'aventure et un jour j'aimerais faire de l'escalade en montagne. Quand il pleut, je vais à la piscine pour nager, même si je trouve ça un peu ennuyeux parfois. Ma sœur préfère les sports individuels, mais elle fait aussi de la course à pied avec moi de temps en temps. Nous aimons participer à des compétitions locales.

a Nicolas…
  i préfère les sports individuels
  ii préfère les sports d'équipe
  iii ne fait pas de sport quand il pleut

b Pendant l'été, Nicolas…
  i fait du rugby
  ii fait du vélo
  iii va à la piscine

c Nicolas trouve que le VTT peut être…
  i facile
  ii dangereux
  iii ennuyeux

d Nicolas aimerait…
  i faire de l'escalade
  ii jouer au foot
  iii participer à des compétitions de natation

e Quand il pleut, Nicolas…
  i va à la piscine
  ii joue au rugby
  iii fait de la course à pied

f La sœur de Nicolas…
  i fait surtout des sports d'équipe
  ii fait des compétitions de natation
  iii aime parfois courir avec Nicolas

2 Écris 3–4 phrases pour répondre aux questions.
  Ensuite, entraîne-toi à prononcer tes réponses à haute voix.

  a Quel est le sport que tu aimes le plus, et pourquoi ?
  b Quel est le sport que tu aimes le moins, et pourquoi ?
  c Pourquoi est-il important de faire du sport régulièrement ?
  d Que penses-tu des sports extrêmes ?

Plus/Défi

3 Lis les textes, puis identifie la bonne personne pour chaque phrase et écris leur prénom à côté.

> **Élodie :**
> Je suis gardienne de but dans mon équipe de football. J'adore ce rôle parce que je peux aider à protéger notre but et encourager mes coéquipiers. Cependant, je voudrais améliorer ma vitesse et ma souplesse pour devenir encore meilleure.

> **Hugo :**
> Je joue dans une équipe de volleyball avec mes amis. J'aime beaucoup notre cohésion d'équipe et la stratégie du jeu. Par contre, je trouve qu'on devrait s'entraîner davantage pour gagner plus de matchs.

> **Maxime :**
> Je suis passionné de cyclisme. J'adore explorer la campagne sur mon vélo pendant des heures, même s'il m'arrive souvent de me perdre. Un jour, j'aimerais participer à une course et suivre une carrière dans le cyclisme.

a Qui adore l'esprit d'équipe ? ....

b Qui veut améliorer ses compétences physiques ? ....

c Qui fait un sport individuel ? ....

d Qui veut devenir professionnel dans son sport ? ....

e Qui aime aider son équipe ? ....

f Qui pense que son équipe devrait s'entraîner plus souvent ? ....

4 Lis le texte et trouve 3 phrases qui sont vraies dans la liste.

La pelote basque et les boules sont des exemples de sports traditionnels français. La pelote basque est particulièrement populaire dans le sud-ouest de la France, où elle est pratiquée dans des courts couverts qui s'appellent les « trinquets » ou à l'extérieur. Les boules, y compris la pétanque, sont des jeux de précision souvent associés à la région de Provence. La pétanque, un jeu qui se joue avec des boules en métal et un cochonnet (une petite boule typiquement en bois), est pratiquée dans des tournois locaux, mais aussi à l'échelle globale. Ces sports représentent une part importante de la culture française et ils attirent même aujourd'hui les amateurs de tous âges.

a La pelote basque se joue uniquement à l'intérieur.
b La pétanque est un sport de précision.
c La pelote basque est célèbre dans le sud-est de l'Hexagone.
d Les boules sont surtout une tradition provençale.
e On pratique la pétanque à un niveau local et international.

5 Tu passes tes vacances au Sénégal et tu vas au centre sportif pour réserver des courts de tennis. Écris des réponses possibles aux questions suivantes.

Réceptionniste : Bonjour. À quelle heure voudriez-vous jouer au tennis ?
Ta réponse : ....

Réceptionniste : C'est pour combien de personnes ?
Ta réponse : ....

Réceptionniste : La réservation est faite. Quel(s) autre(s) sport(s) aimez-vous pratiquer ? Pourquoi ?
Ta réponse : ....

Réceptionniste : Préférez-vous des sports d'équipe ou des sports individuels ? Pourquoi ?
Ta réponse : ....

Réceptionniste : Je suis d'accord. Quels sont vos autres passe-temps ?
Ta réponse : ....

CONSEIL

Tu ou vous ? Si tu entends « vous » dans la première question, utilise aussi « vous » dans ta réponse.

Vidéo

6 Regarde la vidéo qui est dans le livre de l'élève et réponds aux questions.

a Quand et où ont eu lieu les premiers Jeux Olympiques modernes ?
b Combien de sports étaient présents aux Jeux Olympiques de 1924 ?
c Préférerais-tu participer aux Jeux Olympiques d'été ou d'hiver ? Pourquoi ?
d À ton avis, est-il important que le même nombre d'hommes et de femmes participent aux Jeux Olympiques ? Pourquoi ?

>Unité 8
Vive les vacances

Vocabulaire

Fondation

1 Écris le nom des moyens de transports.

a    b    c    d

e    f    g    h

a ....
b ....
c ....
d ....
e ....
f un/le camion
g ....
h .... ou ....

2 Complète les mots avec les voyelles qui manquent.
Entoure si c'est masculin (m) ou féminin (f).

a ch__ff__r   m / f
b v_y_g_r   m / f
c tr_nsp_rts _n c_mm_n   m / f
d tr_j_t   m / f
e ch_m_n d_ f_r   m / f
f c_nd_ctr_c_   m / f

3 Trouve les 16 verbes dans la grille et traduis-les dans ta langue.

| arriver | chercher | conduire | descendre | marcher | monter | partir | prendre le bus |
| retourner | revenir | se garer | se perdre | stationner | tourner | traverser | voyager |

```
A R R I V E R A C Y R F R D D
Z W E R T Y U I H U E G T E F
D F G H M O N T E R T H Y S G
U Y T R E W V Y R F O J U C S
Y P A R T I R T C G U K I E E
D F G H H J K G H H R L T N G
X C O N D U I R E J N M R D A
C U V O Y A G E R J E A A R R
B Z X C V B N M M V R R V E E
R E V E N I R Y U I O C E T R
S D F T O U R N E R Y H R Y Q
S E P E R D R E F G H E S U W
J H G F D D S A R T Y R E B E
V B N S T A T I O N N E R D R
P R E N D R E L E B U S S D W
```

Plus

4 Relie les débuts et les fins de phrases.

a Caroline marche…
b L'office de tourisme ? Continuez…
c Nous avons fait…
d Les cyclistes doivent faire du vélo…
e Le train pour Pau…
f Mes parents ont oublié…

i …de la randonnée à la Réunion – c'était super !
ii …leurs valises à l'hôtel.
iii …part du quai numéro 4.
iv …pour aller à l'école.
v …sur la piste cyclable.
vi …tout droit et tournez à gauche.

5 Lis le texte sur un voyage récent de la famille Dupont et choisis la bonne réponse pour chaque phrase.

La famille Dupont a décidé de partir en voiture pour un voyage en Normandie. Malheureusement, tout est allé de travers. D'abord, au départ, ils se sont rendus compte qu'ils avaient oublié leurs bagages à la maison. Puis, en chemin, la voiture est tombée en panne près d'un arrêt d'autobus. Un chauffeur de bus leur a conseillé de marcher jusqu'au quai pour prendre un ferry, mais ils se sont perdus en suivant les mauvaises directions sur une vieille carte. Une fois au ferry, ils se sont rendus compte qu'un membre de la famille avait oublié son ticket aller-retour. Après beaucoup de retard, ils sont finalement arrivés, mais à l'office de tourisme, ils ont découvert que toutes les visites prévues étaient annulées. Quel désastre !

a La famille Dupont a décidé de partir en voiture pour (un voyage / un vol) en Normandie.

b Au départ, la famille Dupont s'est rendue compte qu'ils avaient oublié (leurs valises / leurs cartes d'identité) à la maison.

c En chemin, la voiture est tombée en panne près (d'une station service / d'un arrêt d'autobus).

d Un chauffeur de bus leur a conseillé de marcher jusqu'au quai pour prendre (un ferry / un train).

e En suivant les mauvaises directions sur (un GPS défectueux / une vielle carte), ils se sont perdus.

f Une fois au ferry, ils se sont rendus compte qu'un membre de la famille avait oublié (son billet / son portefeuille).

Défi

6 Complète le texte avec les mots de la liste. **Attention !** Il y a des mots en trop.

| avion | commun | inconvénients | retards | trajet | cher | pratique |
| rapidement | voiture | bienfaits |

Les voyages et les transports présentent des avantages, mais aussi des (a) .... Voyager en train ou en autobus est économique et (b) .... grâce aux arrêts d'autobus et aux gares situés en ville. Les transports en (c) ...., comme le tram et le métro, réduisent les embouteillages. Les touristes apprécient les pistes cyclables pour explorer la ville à vélo. Les avions permettent d'arriver (d) .... à destination, même à l'autre bout du monde, mais les (e) .... et les bagages perdus sont fréquents. Une visite en (f) .... offre liberté et flexibilité, mais se garer peut être un défi en ville. Quant aux taxis, ils sont pratiques, mais souvent chers.

Grammaire

Fondation

1 Complète le tableau avec la bonne forme de chaque verbe auxiliaire.

	avoir	être
je		
tu	as	
il/elle/on		est
nous		
vous	avez	
ils/elles		sont

2 Associe les verbes à l'infinitif et les participes passés.

- a avoir
- b parler
- c être
- d faire
- e voir
- f mettre
- g finir
- h vouloir
- i partir
- j lire

- i   vu
- ii   fait
- iii   été
- iv   voulu
- v   parlé
- vi   lu
- vii   fini
- viii eu
- ix   parti
- x   mis

3 Complète le tableau du passé composé avec « avoir ».

	Infinitif	Participe passé	Exemple
	jouer	joué	il a joué
1	finir		il
2	faire		nous
3	voyager		elle
4	visiter		j'
5	découvrir		vous
6	boire		ils

4 Complète le tableau du passé composé avec « être ».

	Infinitif	Participe passé	Exemple
	aller	allé	je suis allé(e)
1	descendre		je
2	monter		elle
3	sortir		on
4	tomber		tu
5	mourir		il
6	naître		elle

5 Entoure le pronom sujet correct.

   a (Nous / Je / Elle) prenais l'avion tous les étés.
   b (Tu / On / Il) attendais à l'arrêt de bus chaque matin.
   c (Max / Je / Vous) habitait près du chemin de fer.
   d (Je / Ils / Fatou) montait dans le ferry pour traverser la mer.
   e (On / Elles / Tu) conduisait la voiture avec soin.
   f (Vous / Nous / On) partions quelquefois en taxi.

Plus

6 Associe les questions et les réponses.

   a Où es-tu parti en vacances l'été dernier ?
   b Comment est-ce que Raja a voyagé ?
   c Qu'est-ce que vous avez fait à la montagne ?
   d Pourquoi est-ce que Pierre n'est pas arrivé à l'heure ?
   e Qu'ont fait les filles le dimanche matin ?
   f Comment as-tu trouvé l'office de tourisme ?

   i   Elle a pris le train.
   ii   Je suis parti au Québec.
   iii On a cherché partout dans le centre-ville.
   iv   Il s'est perdu !
   v   Elles sont allées au marché en ville.
   vi   Nous avons fait de la randonnée.

7 Conjugue les verbes à l'imparfait.

   a Le touriste .... (*acheter*) toujours un ticket aller-retour.
   b Je .... (*prendre*) le train pour aller au collège.
   c Vous .... (*conduire*) trop vite !
   d Les passagers .... (*voyager*) en transports en commun.
   e Nous .... (*arriver*) souvent en retard.
   f L'ambulance .... (*se garer*) près de l'hôpital.

Défi

8 Complète le texte en conjuguant les verbes entre parenthèses soit à l'imparfait, soit au passé composé, selon le contexte.

Quand j' **(a)** .... (*avoir*) 18 ans, j' **(b)** .... (*faire*) mon premier grand voyage seul. J' **(c)** .... (*décider*) d'aller en Belgique parce que je **(d)** .... (*vouloir*) en savoir plus sur ce pays européen important. Tous les jours, je **(e)** .... (*prendre*) le bus ou le train pour visiter une nouvelle ville. Les paysages **(f)** .... (*être*) magnifiques. Un jour, pendant que j' **(g)** .... (*attendre*) mon train à Bruxelles, un touriste **(h)** .... (*perdre*) son billet. Heureusement, un agent de la gare **(i)** .... (*venir*) l'aider. Pendant le trajet, j' **(j)** .... (*rencontrer*) des gens très sympathiques et nous **(k)** .... (*parler*) de nos expériences de voyage. Une fois arrivé à Bruxelles, j' **(l)** .... (*visiter*) le musée Magritte et j' **(m)** .... (*voir*) des œuvres incroyables. Le soir, j' **(n)** .... (*s'asseoir*) dans un café et j' **(o)** .... (*regarder*) les passants.

Compréhension et expression

Fondation/Plus

1 Lis le texte et entoure la bonne réponse pour chaque question.

Le système de transport en commun à Paris est très développé et pratique. La ville dispose de nombreux moyens de transport pour se déplacer facilement. Le métro est le mode de transport le plus rapide et le plus populaire. Il y a 16 lignes et des centaines de stations qui couvrent presque tous les quartiers pour les voyageurs. Les autobus sont aussi très utiles, avec des arrêts fréquents dans toute la ville. Pour des trajets plus longs, il y a le RER, un train rapide qui relie Paris aux banlieues. De plus, des trams circulent sur plusieurs lignes très modernes. Pour les visiteurs, des passes comme le Pass Navigo, facilitent l'accès illimité aux transports. Paris encourage les mobilités douces avec des vélos et trottinettes en location.

a Voyager à Paris est (facile / cher).
b Le moyen de transport préféré est (le bus / le métro).
c Trouver une station de métro n'est pas (simple / difficile).
d On peut trouver des arrêts de bus (difficilement / partout) en ville.
e Le RER est surtout pratique pour (les grandes distances / les trajets courts).
f Le réseau de trams est assez (vieux / moderne).

> **CONSEIL**
>
> Conseil pour les exercices de compréhension écrite :
> - Lis l'ensemble du texte avant de lire les questions.
> - Si tu ne connais pas la signification d'un mot, utilise le contexte pour en déduire son sens.
> - Les questions utilisent souvent des synonymes, alors apprends les synonymes des mots pour enrichir ton vocabulaire.

Plus/Défi

2 Lis les affirmations (i–vi) puis les 6 moyens de transport (a–f). Quel transport convient le mieux à chaque personne ? Pour chaque affirmation, écris la bonne lettre dans l'espace approprié.

   i **Julien :** J'aime voyager avec des amis, c'est plus sociable et écologique. J'apprécie également un transport en commun qui ne coûte pas trop cher.

   ii **Mohammed :** J'adore partir à l'étranger, et je préfère un moyen rapide et direct, même si c'est un peu plus cher.

   iii **Louise :** Je cherche un moyen de transport où je peux prendre mes valises lourdes facilement et éviter les longues files d'attente.

   iv **Jamal :** J'adore explorer des régions rurales où les transports en commun ne sont pas disponibles. Je veux être libre d'aller partout et de m'arrêter où je veux. C'est bon pour rester en forme aussi !

   v **Sophie :** Pour mes trajets quotidiens en ville, je veux un mode de transport peu cher et respectueux de l'environnement.

   vi **Louane :** Pendant les vacances, j'aime traverser des fleuves et visiter des endroits à côté de la mer.

   a   Le bateau est agréable pour traverser les rivières ou visiter des îles.
   b   L'avion est rapide et adapté aux longues distances internationales.
   c   La voiture est parfaite pour se déplacer si on a beaucoup de bagages.
   d   Le tram est pratique pour se déplacer rapidement en ville et très écologique, avec un prix également raisonnable.
   e   L'autobus est convivial, économique et parfait pour les groupes.
   f   Le vélo est pratique si on cherche de la flexibilité et de la liberté, surtout s'il n'y a pas d'autres options.

3 Imagine que tu es récemment allé à Marrakech, au Maroc. Décris ton voyage. Écris environ 100 mots et inclus les informations suivantes :

- Quand et où es-tu parti(e) ?
- Avec qui ?
- Comment as-tu voyagé ?
- Comment était le trajet ?
- Quels problèmes as-tu rencontrés ?
- Décris une journée intéressante.

Vidéo

4 Regarde la vidéo qui est dans le livre de l'élève et réponds aux questions.

a Qui sont les deux frères qui ont réalisé le premier vol, et quand l'ont-ils réalisé ?
b Quelles activités touristiques sont mentionnées dans la vidéo ?
c Aimes-tu voyager en avion ? Pourquoi ?
d Quelle est l'importance des vacances écologiques ?

Unités 7 et 8
Révise

1 Complète le sudoku avec les 9 sports. Chaque sport ne peut apparaître qu'une seule fois par ligne et par carré de neuf cases.

handball		tennis		planche à voile	rugby			
natation			cyclisme		ski		pétanque	
ski			natation		handball	rugby		
pétanque		planche à voile	handball				rugby	
	rugby			pétanque		handball		cyclisme
	tennis		planche à voile		équitation	pétanque		
planche à voile	handball						tennis	rugby
	pétanque	cyclisme		handball		natation		
	natation	équitation			cyclisme	planche à voile		

2 Lis les indices et complète les mots croisés.

Horizontalement

- **2** On pratique ce sport l'hiver sur une patinoire.
- **4** On utilise ce véhicule pour voyager sur l'eau.
- **5** Ce véhicule permet de faire de longs trajets ; il est composé de plusieurs wagons.
- **7** Les participants de cette course parcourent environ 42km.
- **8** C'est une compétition mondiale de sport.
- **9** Les équipes de France, d'Italie, d'Irlande, d'Écosse, d'Angleterre et du pays de Galles participent chaque année au Tournoi des Six Nations de ce sport.
- **10** On joue à ce sport collectif avec une batte et une balle.

Verticalement

- **1** Cette partie essentielle d'une voiture permet de se déplacer.
- **3** On peut loger dans ce logement mobile pendant les vacances ; il est tiré par une voiture.
- **6** Cette compétition internationale de foot a lieu tous les quatre ans.

3 Entoure la bonne réponse pour chaque phrase.

a En Europe, le cricket est … populaire que le basket-ball.
  i plus
  ii moins
  iii aussi

b Le marathon est une course … longue que le sprint.
  i moins
  ii plus
  iii aussi

c En France, le baseball est … pratiqué que le football.
  i moins
  ii plus
  iii aussi

d La gymnastique est une activité … flexible que le rugby.
  i moins
  ii plus
  iii aussi

e Passer des vacances à la plage est … reposant que faire du camping en montagne.
  a moins
  b aussi
  c plus

f Voyager en avion est … rapide que prendre le train pour aller en vacances.
  a moins
  b aussi
  c plus

4 Lis le texte et corrige les erreurs dans les phrases (a–f).

Les grèves récentes ont fortement perturbé les transports en commun en France, comme les trains et les métros. Ces grèves provoquent beaucoup d'embouteillages sur les routes et bloquent des millions de personnes qui ne peuvent pas se déplacer. Ce sont des grèves très visibles et gênantes. Ces deux caractéristiques sont importantes pour qu'une grève soit efficace.

Les conducteurs de trains savent depuis longtemps que leur travail est essentiel. Quand ils arrêtent de travailler, les gens et les marchandises ne peuvent plus bouger. Cela montre l'importance des transports dans notre vie moderne. Aujourd'hui, beaucoup de Français doivent voyager loin chaque jour pour leur travail. Pourquoi ? Parce qu'habiter près des grandes villes coûte trop cher. Alors, ils vivent plus loin et passent parfois plusieurs heures dans les transports pour aller travailler.

De plus, les familles habitent souvent loin les unes des autres, ce qui oblige les gens à voyager beaucoup pour se retrouver, surtout pendant les fêtes ou les vacances.

a Les grèves en France ont perturbé principalement les aéroports.
b Ces grèves provoquent peu d'embouteillages sur les routes.
c Les grèves sont très discrètes.
d Les conducteurs de trains pensent que leur travail est inutile dans la vie moderne.
e Aujourd'hui, la plupart des Français habitent près de leur lieu de travail.
f Pendant les fêtes, les familles voyagent moins.

Unités 5 à 8
Prêt ?

Lis

1 Regarde les images. Pour chaque question, écris la bonne lettre (a–f) dans la case appropriée.

a  b  c  d  e  f

i   Sarah adore faire du vélo. ☐
ii Christine veut manger une salade. ☐
iii Je bois deux litres d'eau par jour. ☐
iv Damian préfère jouer au rugby. ☐
v   Katherine évite de manger des bonbons. ☐

2 Regarde les panneaux. Pour chaque question, écris la bonne lettre (a–f) dans la case appropriée.

a  SALLE D'ATTENTE
b  TICKETS
c  PARKING
d  WC

e  QUAIS
f  OBJETS TROUVÉS
g  SORTIE
h  RENSEIGNEMENTS

i   Amélie voudrait acheter un billet aller-retour. ☐
ii Franck a perdu son portable. ☐
iii Son train part dans deux minutes ! ☐
iv Marc doit attendre une heure avant son départ. ☐
v   Maya veut partir de la gare. ☐

Écris

3 Tu veux organiser un voyage pendant les vacances d'été.
Complète la fiche pour l'agence de voyages en français.

Agence de voyages	
Genre de voyage ?	voyage d'aventure
Date de départ ?	**a** ....
Moyen de transport ?	**b** ....
Combien de personnes ?	**c** ....
Durée du voyage ?	7 nuits
Qui voyage avec vous ?	mes parents
Boisson préférée pendant le voyage ?	**d** ....
Activités pendant le voyage ?	écouter de la musique et **e** ....

4 Écris environ 80 mots en français. Fais attention au temps du verbe pour chaque question !

- Es-tu sportif/sportive ?
- Qu'est-ce que tu aimes/n'aimes pas manger ?
- Penses-tu qu'il est important de rester en forme ? Pourquoi ?
- Qu'est-ce que tu voudrais faire comme sports le week-end prochain ?

Lis

5 Lis le texte. Pour chaque question, entoure la bonne réponse.

> **Voyager sainement**
>
> J'adore voyager en avion, mais ça peut être fatigant, alors je fais attention à ma santé.
>
> D'abord, je bois beaucoup d'eau, car l'air est sec dans l'avion. J'évite les boissons sucrées ou caféinées. Ensuite, je fais attention à mon alimentation. Je choisis des repas équilibrés et j'évite les aliments trop gras ou salés. J'emporte aussi des fruits ou des noix, c'est pratique et sain.
>
> Le sommeil est essentiel, mais pour moi c'est toujours un défi ! Pour bien dormir, j'utilise un coussin et un masque pour les yeux. J'essaie aussi de suivre l'horaire du pays où je vais pour éviter le décalage horaire. Enfin, je bouge régulièrement. J'étire mes jambes et je fais quelques pas dans l'avion. Ça m'aide à éviter les douleurs et à améliorer la circulation sanguine.
>
> Avec ces bonnes habitudes, on ne s'ennuie jamais non plus, surtout pendant les trajets assez longs !
>
> Youssef

a Pendant un vol, Youssef peut se sentir…

    i adorable
    ii fatigué
    iii attentif
    iv sain

b Sa boisson préférée dans l'avion, c'est…

    i l'eau
    ii le café
    iii une boisson gazeuse
    iv le thé

c Il préfère manger…

    i des chips
    ii des bonbons
    iii un sandwich
    iv des en-cas sains

d Il dort…

    i facilement
    ii avec difficulté
    iii souvent
    iv bien

e Il aime bouger…

    i souvent
    ii rarement
    iii avec des autres
    iv avant de se coucher

f Marcher dans l'avion est…

    i interdit
    ii dangereux
    iii douloureux
    iv bénéfique

Parle

6 Tu es en vacances à Marseille en France. Tu ne sens pas bien, alors tu vas à la pharmacie. Entraîne-toi à répondre aux questions.

Pharmacien(ne) : Alors, Monsieur/Madame, qu'est-ce qui ne vas pas ?

a ....

Pharmacien(ne) : Depuis quand exactement avez-vous ce problème ?

b ....

Pharmacien(ne) : Qu'est-ce que vous avez mangé et bu récemment ?

c ....

Pharmacien(ne) : Il faut prendre ces médicaments. Quand est-ce que vous allez rentrer dans votre pays ?

d ....

Pharmacien(ne) : J'espère que vous vous sentirez mieux bientôt. Qu'est-ce que vous avez aimé le plus ici à Marseille ? Pourquoi ?

e ....

> **CONSEIL**
>
> Utilise le bon temps ! Le temps de la question c est le passé composé, alors utilise le passé composé dans ta réponse.

> **CONSEIL**
>
> Lorsque tu prépares un jeu de rôle, essaie de penser à toutes les questions possibles en fonction du scénario (à la pharmacie, à la gare, à l'hôtel). Tes réponses doivent être courtes.

7 Entraîne-toi à répondre à ces questions à l'oral avec aux moins 2 phrases pour chaque réponse. Fais attention au temps de chaque question !

a Où se trouve ton café préféré ?
b Avec qui prends-tu ton petit déjeuner normalement ?
c Pourquoi est-il important de suivre un régime alimentaire équilibré ?
d Qu'est-ce que tu as fait récemment comme activités sportives ?
e Quels plats est-ce que tu préparerais si tu invitais des copains végétaliens pour dîner ?

› Unité 9
On y va

Vocabulaire

Fondation

1 Écris le nom du continent.

> L'Afrique   L'Amérique du Nord   L'Antarctique   L'Asie
> L'Amérique du Sud   L'Europe   L'Océanie

a ....
b ....
c ....
d ....

e ....
f ....
g ....

2 Complète le tableau en écrivant la forme féminine et la forme masculine de chaque nationalité.

	Pays	Féminin	Masculin
Exemple	le Mali	malienne	malien
a	l'Inde		
b	l'Espagne		
c	Madagascar		
d	le Maroc		
e	le Sénégal		
f	l'Afrique du Sud		

3 C'est quel animal ? Entoure la bonne réponse.

a Cet animal a un long cou : (la girafe / le singe)
b Cet animal saute et aime manger des feuilles de carottes : (le chat / le lapin)
c Cet animal est petit et vole : (la mouche / le cochon)
d Cet animal se déplace lentement : (le rat / la tortue)
e Cet animal produit du lait : (la vache / l'oiseau)
f Cet animal est couvert de laine : (le mouton / le poisson)

Plus

4 Associe le début à la fin de la phrase.

a Pedro est un garçon brésilien…   i …habite en Europe, à Berlin.
b Ma cousine est née…   ii …parle français et anglais.
c Les Japonais parlent souvent…   iii …pays francophones.
d Mon professeur canadien…   iv …qui vient d'Amérique du Sud.
e Anna est une fille allemande qui…   v …en Inde, à Bombay.
f En Afrique, il y a beaucoup de…   vi …en japonais.

5 Mets les mots dans le bon ordre pour former des phrases.

a sauvages trouve en Asie On chats des ....
b roi le Afrique lion est En considéré comme le ....
c vivent dangereux Sud serpents Amérique Des en du ....
d les grandes dans rats villes Europe parfois En des trouve on ....
e Une vit girafe en ne Australie pas sauvage ....
f de mer En poissons vivent la beaucoup Océanie dans ....

Défi

6 Choisis un mot dans la liste pour chaque bienfait d'apprendre des langues étrangères.

> L'aventure   Les nouvelles cultures   La carrière   La communication
> Le développement du cerveau   L'adaptabilité

a Tu peux parler avec des gens du monde entier. ....
b Les langues et les voyages impressionnent les employeurs. ....
c Les langues te rendent plus intelligent, et voyager élargit ton esprit. ....
d Connaître la langue aide à te déplacer et à interagir avec les autres. ....
e Tu comprends mieux les traditions et les modes de vie. ....
f Les voyages et les langues t'apprennent à t'ajuster. ....

7 Complète les phrases avec un verbe de la liste.

> explorer   visiter   profiter   voyager   réserver   partir   déguster
> assister   prendre   passer   découvrir   se détendre

a Cet été, je vais .... la Côte d'Azur pour .... du soleil et de la mer.
b Nous allons .... nos billets d'avion pour Montréal demain.
c Mon amie va .... en Suisse pour .... les montagnes et .... du chocolat.
d En août, je vais .... à Marrakech pour .... les souks et la culture marocaine.
e Ils vont .... le train pour Bruxelles afin d'................... à un festival de musique.
f Elle va .... un week-end à Nice pour .... sur la plage.

Grammaire

Fondation

1 a Conjugue le verbe « aller ».

vas   allez   vais   vont   allons   va

    a je ....
    b tu ....
    c il/elle/on ....
    d nous ....
    e vous ....
    f ils/elles ....

b Complète la définition du futur proche avec les mots de la liste.

infinitif   aller   l'avenir

Pour parler de (**g**) ...., et dire ce qu'on **va faire**, il faut utiliser la bonne forme du verbe (**h**) .... et ajouter un (**i**) ....

2 Écris ces phrases au futur proche en utilisant « aller » + infinitif.

    a D'abord, je vais au cinéma le vendredi soir.
    ....

    b Samedi matin, je fais la grasse matinée.
    ....

    c Puis je regarde la télé avec ma sœur.
    ....

    d L'après-midi, je fais du shopping en ville.
    ....

    e Samedi soir, on mange au restaurant algérien.
    ....

    f Dimanche matin, on va à l'église.
    ....

3 Remplace les mots **en gras** par le pronom d'objet direct qui convient.

  a Je connais **cette chanson**. Je (la / me / te) connais.

  b Tu écoutes **la radio**. Tu (nous / m' / l') écoutes.

  c Elle comprend **la règle**. Elle (la / se / me) comprend.

  d Nous cherchons **nos clés**. Nous (nous / les / vous) cherchons.

  e Vous attendez **le bus**. Vous (leur / m' / l') attendez.

  f Ils aident **leurs amis**. Ils (m' / les / nous) aident.

4 Associe les pronoms sujets au pronom complément d'objet indirect.

  a je   i   leur
  b tu   ii   me/m'
  c il/elle   iii lui
  d nous   iv   nous
  e vous   v   vous
  f elles   vi   te/t'

Plus

5 Écris le bon verbe au futur proche pour chaque phrase, puis traduis chaque phrase dans ta propre langue.

> vais développer   va s'inscrire   allez trouver
> vas passer   vais pratiquer   allons étudier

  a Il .... à des cours de langues étrangères pour améliorer ses compétences.

  b Je .... régulièrement l'écoute et l'expression orale dans une langue étrangère.

  c Nous .... les techniques d'interprétation, comme l'interprétation simultanée.

  d Je .... mon vocabulaire spécialisé pour différents domaines comme le droit ou la médecine.

  e Tu .... une certification pour devenir interprète professionnel.

  f Vous .... un emploi dans une agence de traduction.

9 On y va

6 D'abord, identifie le complément d'objet direct (COD), puis réponds à la question en remplaçant le COD par un pronom.

    a As-tu rencontré tes voisins ? Oui, ... hier soir.

    b Avez-vous pris le train? Oui, ... pour visiter mes amis.

    c Est-ce que tu connais cette fille ? Oui, ... depuis trois ans.

    d M'as-tu écrit une lettre ? Oui, ... ce matin.

    e As-tu acheté du pain ? Oui, ... à la boulangerie.

    f As-tu joué au foot? Oui, ... cet aprés-midi.

Défi

7 D'abord, entoure le complément d'objet direct (COD) et le complément d'objet indirect (COI) dans la phrase, puis remplace-les dans les réponses.

Anisha veut montrer ses photos à ses amis. Que va-t-elle faire ce week-end ?
Elle va les leur montrer ce week-end.

    a Vas-tu expliquer la situation à tes parents ?

        Oui, je .... ce soir.

    b Vous avez préparé les brochures pour vos amis. Qu'allez-vous montrer à vos amis avant le départ ?

        Avant le départ, nous ....

    c Tu dois donner ton adresse à Paul. Que vas-tu faire après l'école ?

        Après l'école, je ....

    d J'adore Paris et je veux y emmener mes parents. Que vais-je faire l'été prochain ?

        L'été prochain, je ....

    e Tu vas organiser un pique-nique et inviter tes voisins. Où vas-tu emmener tes voisins ?

        Je ....

    f Ils veulent inviter leur grand-mère au restaurant. Que vont-ils faire ce soir ?

        Ce soir, ils ....

Compréhension et expression

Fondation/Plus

1 Lis le texte et décide si chaque phrase est vraie (V) ou fausse (F).

> Je m'appelle Jacques. Depuis que je suis petit, j'aime beaucoup les pays d'Afrique où l'on parle français. J'aimerais visiter la Côte d'Ivoire pour écouter de la musique et voir des danses traditionnelles. J'aimerais aussi aller au Sénégal pour goûter les plats à base de poisson. Sur l'île de Gorée, il y a une histoire très émouvante.
>
> J'adore la nature. Je veux voir le désert du Sahara et les grandes forêts. J'aimerais faire un safari pour voir des animaux comme les lions et les éléphants.
>
> Je veux aussi rencontrer des gens. J'ai envie de parler français avec eux, découvrir leurs traditions et comprendre leur vie. Ce serait un très beau voyage !

- **a** Jacques s'intéresse aux traditions et aux danses africaines.   V / F
- **b** Jacques veut aller au Sénégal pour pêcher.   V / F
- **c** Il veut visiter l'île de Gorée au Sénégal.   V / F
- **d** Il espère voir des lions et des éléphants pendant un safari.   V / F
- **e** Jacques aime parler anglais avec les habitants.   V / F
- **f** Jacques trouve que les voyages sont ennuyeux.   V / F

2 Tu appelles ton ami(e) français(e) pour lui parler de votre visite au parc safari.

- **a** **Toi :** Salut ! Où se trouve le parc safari?

  Ami(e) : ....

- **b** **Toi :** Combien de temps veux-tu rester là-bas ?

  Ami(e) : ....

- **c** **Toi :** Super ! On peut voir des animaux incroyables. Quels animaux est-ce que tu voudrais voir ?

  Ami(e) : ....

- **d** **Toi :** Préfères-tu faire des visites guidées à pied ou en voiture ? Pourquoi ?

  Ami(e) : ....

- **e** **Toi :** Quand est-ce que tu as visité un zoo pour la dernière fois ? C'était comment ?

  Ami(e) : ....

> **CONSEIL**
>
> N'oublie pas de répondre à la question de manière concise et de garder tes réponses courtes.

Plus/Défi

3 Isabelle parle de ses projets d'avenir. Est-ce que les phrases sont vraies (V), fausses (F) ou pas mentionnées (PM) ?

Coucou, ici Isabelle ! Depuis toujours, je suis passionnée par les parcs à thème. Mon rêve est de parcourir le monde pour visiter tous les parcs dans les pays francophones. Je veux commencer par Disneyland Paris, puis explorer le Parc Astérix et le Futuroscope en France. Après, je vais voyager en Belgique pour découvrir Walibi et Plopsaland. Au Québec, j'espère visiter La Ronde et vivre des sensations fortes. J'ai aussi entendu parler de parcs intéressants dans d'autres pays francophones d'Afrique et des Caraïbes (comme Magic Land au Sénégal ou le Mangofil en Martinique) que je veux absolument découvrir. Chaque parc a son charme et ses attractions uniques. Je vais organiser mes voyages pour profiter au maximum de ces aventures incroyables et créer des souvenirs inoubliables tout en découvrant la diversité des cultures francophones !

- **a** Isabelle voudrait visiter des parcs d'attractions dans les pays francophones. ....
- **b** Isabelle veut commencer sa tournée par le parc Plopsaland en Belgique. ....
- **c** Disneyland Paris est le parc le plus visité en Europe. ....
- **d** Après les parcs européens, Isabelle a prévu de voyager au Canada. ....
- **e** Isabelle souhaite visiter le continent africain. ....
- **f** Isabelle mentionne des parcs d'attractions dans les Caraïbes comme faisant partie de ses plans. ....

4 Réponds aux questions suivantes. Écris 4–5 phrases en français pour chaque question puis entraîne-toi à dire tes réponses.

- **a** Aimes-tu les parcs d'attractions ? Pourquoi ? Pourquoi pas ?
- **b** Quels sont les avantages d'apprendre le français ?
- **c** Qu'est-ce tu vas faire la semaine prochaine pour améliorer ton français ?

Vidéo

5 Regarde la vidéo qui est dans le livre de l'élève et réponds aux questions.

- **a** Quand a été créé le drapeau de la francophonie ?
- **b** Quels sont les trois objectifs principaux des Jeux de la Francophonie ?
- **c** Pourquoi, selon toi, est-il important d'avoir une langue commune comme le français entre plusieurs pays ?
- **d** Que penses-tu des valeurs promues par l'OIF (comme la coopération ou le plurilinguisme) ?

Unité 10
Restons connectés

Vocabulaire

Fondation

1 Trouve les voyelles manquantes dans chaque mot, puis associe le mot à la bonne image (i–vi).

   a un journal iv

   b _n_ b_nd_ d_ss_n__ ....

   c _n b_ll_t ....

   d _n_ l_ttr_ ....

   e _n_ c_rt_ p_st_l_ ....

   f _n c_rt_f_c_t ....

> **CONSEIL**
>
> Apprends bien le vocabulaire et attention aux faux amis, comme « librairie », « actuellement » ou « sensible ». Ces mots peuvent sembler familiers, mais ils ont souvent un sens très différent.

i

ii

iii

iv

v

vi

2 Dans chaque ligne, entoure le mot qui ne va pas avec les autres.

   a   une application   un logiciel   un mot de passe   un document

   b   un article   un vlog   un journal   un billet

   c   une souris   un micro   un clavier   un téléphone

   d   un e-mail   une clé USB   une carte postale   un courriel

   e   une vidéo   une information   un selfie   une sécurité en ligne

3 Entoure la bonne réponse pour terminer ces phrases.

   a   Une imprimante sert à…
       i   écrire des e-mails
       ii   imprimer des documents

   b   Un mot de passe est utilisé pour…
       i   protéger ses infos personnelles
       ii   envoyer un message

   c   Un écran tactile permet…
       i   d'écouter de la musique
       ii   une interaction avec les doigts

   d   Une clé USB sert à…
       i   surfer sur Internet
       ii   copier et stocker des fichiers

   e   Un réseau social est utilisé pour…
       i   poster des photos et des messages
       ii   se connecter à Internet

   f   Une tablette électronique est…
       i   un appareil pour cuisiner
       ii   un dispositif pour surfer sur Internet

Plus

4 Complète le texte avec les mots de la liste.

> application   documents   écran   informations
> jeux   clé USB   films   réseaux   portable   facile

Grâce à la technologie, la communication est devenue très **(a)** ……………… Par exemple, pour envoyer des **(b)** ……………., on utilise un **(c)** ……………… tactile ou une **(d)** …………….. Avec une **(e)** ……………., il est simple de sauvegarder des **(f)** …………….. Toutefois, il est important de protéger ses **(g)** ……………… avec un bon mot de passe. On peut aussi regarder des **(h)** ……………… ou jouer à des **(i)** ……………… grâce à un ordinateur **(j)** ………………..

5 Lis les indices et complète les mots croisés.

Horizontalement

6 Enregistrer.
8 Digital.
9 Le Web.
10 Lettre envoyée en ligne pour communiquer à distance.

Verticalement

1 Appareil électronique portable avec un écran.
2 Programme installé sur un appareil numérique, souvent utilisé pour des tâches spécifiques.
3 Code secret utilisé pour accéder à un compte.
4 Plateforme numérique permettant de communiquer et de partager des contenus avec ses amis.
5 Personne qui présente les vidéos en ligne.
7 Message envoyé sur un téléphone portable.

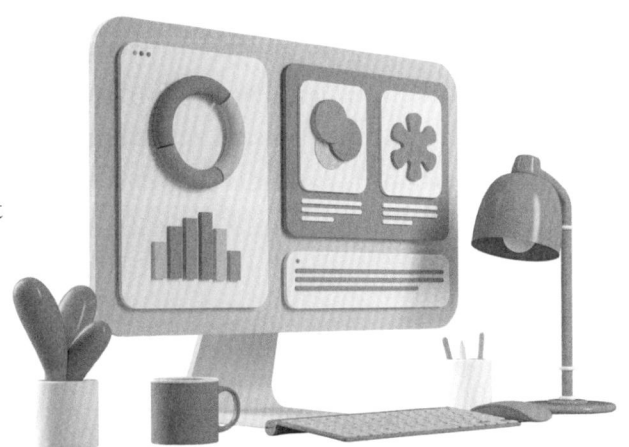

Défi

6 Lis la conversation entre Léo et Chloé, qui discutent des avantages et des inconvénients de faire une « détox numérique », puis trouve les synonymes.

Léo : J'ai commencé une petite détox numérique cette semaine. Je passe moins de temps sur mon téléphone et franchement, ça me fait du bien. Je me sens plus détendu et j'ai le temps de faire d'autres choses, comme lire ou cuisiner.

Chloé : Ah bon ? Moi, je ne pourrais pas vivre sans mon portable ! J'adore discuter avec mes amis et publier des photos. Pour moi, les réseaux sociaux, c'est essentiel pour rester connectée.

Léo : Je comprends, mais j'ai réalisé que je n'ai pas besoin d'être en ligne tout le temps. Ça fait du bien de profiter du monde réel aussi. Même quelques heures sans notifications, ça change tout !

Chloé : Peut-être que je vais essayer aussi... mais doucement ! Je veux garder mes applis préférées. On verra si une mini-détox me plaît.

a calme → ....
b sites communautaires → ....
c véritable → ....
d une détox digitale → ....
e être connecté → ....
f les interfaces → ....

Grammaire

Fondation

1 Mets les expressions de temps de la liste dans le bon ordre chronologique.

| demain   dans deux jours   la semaine prochaine |
| ce soir   après-demain |

a ....
b ....
c ....
d ....
e ....

2 Complète chaque phrase avec un mot ou une expression de la liste.

> le 14 février   le 25 décembre   en été
> le 1er avril   en hiver   en automne

a   Noël a lieu ………………………………..

b   On célèbre la Saint-Valentin ………………………………..

c   Les feuilles tombent des arbres ………………………………..

d   Il fait chaud et on va à la plage ………………………………..

e   On fait des blagues ………………………………..

f   Au Canada, il neige souvent ………………………………..

3 Entoure la bonne forme de chaque verbe au futur simple pour chaque phrase.

a   Demain, je (posterai / posterons) une vidéo sur ma chaîne YouTube.

b   Nous (auront / aurons) une meilleure connexion Internet dans quelques jours.

c   Ils (enverra / enverront) les documents par e-mail dès que possible.

d   Nous (partagerons / partagerai) un appel vidéo avec nos amis à l'étranger.

e   Elle (pourra / pourrai) accéder à ses fichiers grâce à un mot de passe.

f   On (publier / publiera) du contenu sur les réseaux sociaux.

Plus

4 Associe les questions et les réponses.

a   Qui inventera une nouvelle technologie dans dix ans ?

b   Quand aurons-nous des appareils plus rapides ?

c   Que téléchargera Jean demain ?

d   Est-ce qu'on enverra des messages avec des hologrammes dans le futur ?

e   Quand ferez-vous une téléconférence ?

f   Comment protégera-t-elle ses données ?

i   Au bureau demain matin.

ii   Oui, dans plusieurs décennies.

iii   Une application pour son portable.

iv   Avec des outils numériques.

v   Dans quelques années.

vi   Les ingénieurs.

5 Conjugue les verbes au futur simple.

a   Quand ………………………….-tu tes fichiers ? (*sauvegarder*)

b   Pourquoi est-ce que Lina …………………………. ses mots de passe ? (*modifier*)

c   Comment ………………………….-ils leurs photos ? (*retoucher*)

d   Qu' ………………………….-vous sur votre téléphone ? (*installer*)

e   À quelle heure ………………………….-t-elle le fichier ? (*télécharger*)

f   Que ………………………….-tu si ton ordinateur ne marche pas ? (*faire*)

Défi

6 Écris des phrases en utilisant Si + présent, + futur simple avec les informations données.

> nous   se connecter   plus souvent / échanger plus d'idées
>
> *Si nous nous connectons plus souvent, nous échangerons plus d'idées.*

a les élèves   utiliser   des applications éducatives / améliorer leurs compétences en technologie

....

b tu   sauvegarder   tes fichiers régulièrement / éviter de perdre tes données

....

c on   utiliser   des mots de passe sécurisés / protéger nos comptes en ligne

....

d vous   télécharger   des mises à jour / avoir accès aux dernières fonctionnalités

....

e il   surfer   sur des sites fiables / éviter les virus informatiques

....

f nous   participer   à des téléconférences / collaborer plus efficacement avec l'équipe

....

Compréhension et expression

Fondation/Plus

1 Lis ces opinions et décide si chaque opinion sur l'intelligence artificielle (IA) est positive (P), négative (N) ou les deux (P+N) sur l'IA. (IA).

a Bientôt, les chercheurs créeront des outils très utiles pour la médecine grâce à l'IA. ☐

b Les gens pensent que l'IA remplacera trop de travailleurs, et cela fait peur. ☐

c On verra bientôt que l'IA contribuera à l'éducation dans les régions éloignées. ☐

d Plus tard, certains diront que l'IA n'est pas aussi créative que les humains. ☐

e L'IA rendra les tâches plus faciles, mais elle ne pourra pas remplacer les relations humaines. ☐

f Dans dix ans, on dira que l'IA posera des problèmes éthiques compliqués. ☐

2 Relis les phrases de l'exercice 1 et ajoute d'autres arguments pour et contre l'intelligence artificielle.

Pour l'IA	Contre l'IA

Plus/Défi

3 Lis les blogs et réponds aux questions. Écris si c'est Noah (N), Élise (E) ou Amadou (A).

> Salut, je m'appelle **Noah** et je viens de Belgique. Ce qui rend la vie ici spéciale, c'est qu'on jongle avec plusieurs langues – le français, le néerlandais, l'anglais – ça fait partie de notre quotidien. En ligne, c'est super courant pour moi de passer d'une langue à l'autre selon avec qui je parle. Les réseaux sociaux, c'est vraiment génial pour m'exprimer, surtout parce que ça me permet de rester connecté avec des amis qui ne parlent pas la même langue que moi. C'est comme si, peu importe d'où l'on vient, on peut tous se retrouver en ligne.

> Bonjour ! Je m'appelle **Élise**, je viens du Québec. Pour nous, la technologie, c'est ce mélange cool entre les influences françaises et nord-américaines. TikTok et YouTube, ce sont mes plateformes préférées, mais j'aime garder un côté authentiquement québécois. Mes amis et moi, on utilise plein d'argot et d'expressions locales – c'est une façon de garder notre identité culturelle vivante en ligne. Et quand on voit des créateurs d'ailleurs, on adore mettre notre petite touche pour montrer d'où on vient !

> Salut, moi c'est **Amadou**, d'une petite ville francophone au Mali. Beaucoup de gens ici n'ont pas d'ordinateurs, donc on utilise nos téléphones pour tout – les messages, les réseaux sociaux, même pour étudier. J'adore comment on peut être créatifs avec ce qu'on a. Parfois, on partage des blagues ou des chansons traditionnelles dans les groupes de discussion. La technologie, ça nous permet de rester connectés à nos racines tout en découvrant le monde.

a Qui passe d'une langue à une autre lorsqu'il/elle communique sur Internet ?

b Qui combine l'usage de plateformes populaires avec un accent sur sa propre culture ?

c Qui s'appuie surtout sur son smartphone pour les études et les échanges en ligne ?

d Qui utilise la technologie pour maintenir un lien avec des récits ou traditions locales ?

e Qui voit les plateformes en ligne comme un moyen d'interagir avec des amis qui parlent des langues diverses ?

4 Écris un paragraphe de 100–120 mots pour répondre aux questions.

    a Combien de temps passes-tu sur ton téléphone portable ?

    b Quel rôle la technologie a-t-elle joué dans ton quotidien la semaine dernière ?

    c Quels sont les avantages et les inconvénients des réseaux sociaux pour les jeunes ?

    d Comment crois-tu que la technologie changera la façon dont nous communiquerons dans le futur ?

Vidéo

5 Regarde la vidéo qui est dans le livre de l'élève et réponds aux questions.

    a Entoure les mots que tu entends.

> robot   frigo   oiseau   d'habitude   travail   musique   médecin   lion

    b Complète la phrase avec le mot qui manque :
Le mot « robot » vient de la langue ....

    c Selon toi, dans quels domaines les robots sont-ils les plus utiles aujourd'hui ? Donne deux exemples.

    d Penses-tu que les robots remplaceront les humains un jour ?
Explique ton avis en une ou deux phrases.

Unités 9 et 10
Révise

1 a Remets les lettres dans l'ordre pour former des nationalités. Ensuite, utilise les numéros pour faire une phrase.

NAÇRISFA — | | | | | | | |
          16 17   20

EGELB — | | | | | |
          8

ISEUSS — | | | | | |
      3

NELAASÉSÉGI — | | | | | | | | | |
            14   1

NASEIUOAMRC — | | | | | | | | | | |
    2 6   15 7 4 12 5 21 22 23

EEAINANCND — | | | | | | | | | |
         18

INISENUT — | | | | | | | |
    10   13   19

INVREIIONE — | | | | | | | | | |
      11   9

b Ensuite, fais une phrase.

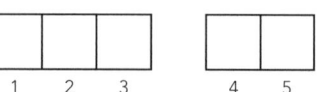 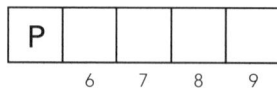 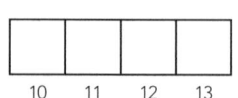 

2 Conjugue les verbes au futur proche.

   a   Est-ce que tu ……………… ……………… une nouvelle appli ce soir ? (*télécharger*)

   b   Nous ……………… ……………… des messages vocaux pour organiser la réunion de demain. (*envoyer*)

   c   Sophiane ……………… ……………… sa tablette pour lire le journal numérique demain matin. (*utiliser*)

   d   Vous ……………… ……………… une vidéo éducative sur les réseaux sociaux ce soir ? (*regarder*)

   e   Les ingénieurs ……………… ……………… une nouvelle technologie pour améliorer la communication. (*développer*)

   f   Je ……………… ……………… mon téléphone pour le charger avant le rendez-vous. (*brancher*)

3 Lis les textes et décide du bon pays pour chaque personne.
   Il faut peut-être effectuer quelques recherches en ligne pour t'aider.

   | Canada (Québec)   Côte d'Ivoire   France |
   | Île Maurice   Maroc |

   a   « Chez nous, la poutine est un plat très populaire, surtout en hiver. On parle français, mais avec un accent bien particulier ! Et on a des cabanes à sucre où l'on déguste du sirop d'érable. » ………………

   b   « Nous adorons le couscous, souvent servi avec des légumes et de la viande. Le français est l'une de nos langues officielles, et nos marchés regorgent d'épices colorées et parfumées. » ………………

   c   « Je viens d'une île paradisiaque où l'on danse souvent le séga. Nos plats comme le rougail saucisse mélangent des influences françaises, africaines et indiennes. » ………………

   d   « Mon pays est réputé pour ses plantations de cacao, mais aussi pour les festivals vibrants où l'on danse le zouglou et le coupé-décalé. On parle français ici ! » ………………

   e   « Dans mon pays, le pain baguette est très présent, mais aussi des spécialités comme les escargots et les fromages. Les châteaux et les musées sont nombreux, car nous aimons l'histoire et l'art. » ………………

4 a Lis le texte et conjugue les verbes au futur simple.

Dans le futur, les outils de traduction **(a)** .... (*être*) encore meilleurs. Ils **(b)** .... (*comprendre*) mieux les différences entre les langues et les cultures. Grâce à l'intelligence artificielle, ils **(c)** .... (*permettre*) de parler facilement avec des gens du monde entier. Les écoles et les entreprises les **(d)** .... (*utiliser*) pour apprendre les langues et travailler à l'international. Les humains **(e)** .... (*devoir*) toujours vérifier les traductions pour éviter les erreurs. Ces outils **(f)** .... (*aider*) à mieux communiquer et à réduire les malentendus entre les cultures.

b Quel titre convient le mieux au texte ?

    i Apprendre une langue grâce à l'intelligence artificielle

    ii Les dangers de la traduction automatique

    iii L'avenir de la traduction : des outils toujours plus intelligents

Unité 11
Planète bleue, planète verte

Vocabulaire

Fondation

1 Trouve les 28 mots dans la grille.
  Cherche les mots que tu ne connais pas dans le dictionnaire.

agriculture   colline
fleuve   montagne
plage   sommet   branche
côte   herbe   ombre
planète   vague   champ
déforestation   lune
paysage   pollution
volcan   chute   eau
mer   pierre   sable
climat   environnement
monde   pittoresque
soleil

2 Associe chaque mot à sa définition.

a   un volcan
b   un lac
c   une étoile
d   un désert
e   le recyclage
f   la grêle

i   Endroit très chaud ou froid, sans végétation.
ii Grande montagne avec du feu à l'intérieur.
iii Réutilisation des choses pour moins polluer.
iv Petit point brillant dans le ciel la nuit.
v   Petites boules de glace qui tombent du ciel.
vi Grande zone d'eau calme entourée de terre.

3 Associe les symboles météorologiques aux phrases.

| Il neige. | C'est nuageux. | Je n'aime pas les orages. | Il pleut. |
| Il y a du soleil. | Il y a beaucoup de vent. | | |

a ☀ ....

b 🌧 ....

c ☁ ....

d ⚡ ....

e ❄ ....

f 💨 ....

CONSEIL

Il est important d'apprendre à parler de la météo dans des différents temps (il pleut, il pleuvait, il a plu, il pleuvra). Tu peux utiliser ces temps dans des activités d'expression orale et écrite pour enrichir ton français avec plus de détails !

Plus

4 Mets les mots dans le bon ordre pour décrire la météo.

a a Il brume matin de y ce beaucoup

   ....

b ciel Un aujourd'hui éclair a traversé le

   ....

c journée une C'est très ensoleillée

   ....

d Il voitures sur y du ce matin givre les avait

   ....

e tombé grêle hier Il de beaucoup est

   ....

f y d' dans aujourd'hui air Il l' humidité beaucoup a

   ....

5 Complète les phrases avec les mots de la liste. **Attention !** Il y a des mots en trop.

> recycler   pollution   forêt   pluies   vent   climat   océan
> énergies renouvelables   déchets   incendie   chaleur   inondation

a En été, une canicule est un phénomène climatique très dangereux qui cause une .... extrême.

b La .... tropicale est essentielle pour réguler le climat mondial.

c Il est important de .... pour protéger notre planète et réduire les ....

d De fortes .... ont causé une .... dans plusieurs villages près du fleuve.

e Les .... comme le solaire et l'éolien sont meilleures pour l'environnement.

f Après une tempête, le .... était si fort qu'il a détruit plusieurs arbres.

Défi

6 a Le texte suivant se trouve dans différentes sections qui ne sont pas dans le bon ordre. Lis les sections et mets-les dans le bon ordre.

  a ☐ verdoyantes et des montagnes impressionnantes, parfois volcaniques. La nature est omniprésente : il y a des forêts luxuriantes, des rivières paisibles et des chutes d'eau spectaculaires, créant des paysages

  b ☐ protégeaient mieux ces îles, elles resteraient intactes pour les générations futures. Sans action, la pollution et la dégradation risqueraient de détruire ce paradis naturel. La protection est essentielle !

  c ☐ Le climat des Caraïbes françaises, comme en Martinique et en Guadeloupe, est tropical et souvent chaud. Le soleil

  d ☐ longue. Pour protéger cet environnement unique, il faudrait réduire la déforestation et recycler davantage. On pourrait aussi favoriser une agriculture respectueuse de la nature. Si les habitants et les visiteurs

  e ☐ brille presque tous les jours. Ces îles se trouvent dans un environnement magnifique avec des plages de sable blanc, des collines

  f ☐ incroyables. La nuit, le ciel est souvent rempli d'étoiles. Cependant, le réchauffement climatique menace cette beauté naturelle. Les ouragans sont plus fréquents, et la saison des pluies plus

b Choisis le meilleur titre.

  i La protection des animaux aux Caraïbes
  ii L'agriculture écologique aux Caraïbes
  iii Des actions pour protéger les Caraïbes

Grammaire

Fondation

1 Écris la terminaison correcte du conditionnel pour chaque personne et complète les phrases avec le verbe « jouer ».

je jouer___	nous jouer___
tu jouer___	vous jouer___
il/elle/on jouer___	ils/elles jouer___

- a Paul ....
- b Je ....
- c Ma sœur ....
- d Thomas et Daniel ....
- e Mes parents ....
- f L'équipe ....

2 Trouve le radical des verbes et conjugue-les au conditionnel (avec « on »).

ir- aur- voudr- ser- verr- fer- pourr- devr-

	L'infinitif	Le radical au conditionnel	Exemple avec « on »
	venir	viendr-	on viendrait
a	être		
b	faire		
c	pouvoir		
d	avoir		
e	voir		
f	devoir		

3 Complète les phrases avec la bonne préposition. Tu peux les utiliser plusieurs fois.

| vers | jusqu'à | sauf | contre | malgré |

- a L'eau est montée .... la route après la pluie.
- b Le vent va .... les montagnes.
- c Ils ont construit un mur .... les tempêtes.
- d .... la sécheresse, la forêt est restée verte.
- e Tous les animaux sont partis, ... les renards.
- f On a marché .... la colline pour planter des arbres.

4 Conjugue les verbes impersonnels.

- a Hier, il .... (*faire*) beau toute la journée.
- b Il .... (*falloir*) apporter un parapluie quand il .... (*pleuvoir*).
- c Après demain, il y .... (*avoir*) du soleil.
- d Dans les années 50, il .... (*neiger*) plus que maintenant.
- e « Julia, il .... (*pleuvoir*) dehors ? »
- f Dans le passé, il y .... (*avoir*) plus d'orages au mois d'août.

Plus

5 Conjugue les verbes au conditionnel.

- a Rachid .... (*aller*) au cinéma ce soir.
- b Stéphanie .... (*boire*) un jus d'orange.
- c Je .... (*vouloir*) visiter la France à l'avenir.
- d J'.................... (*apporter*) mon parapluie.
- e Nous .... (*manger*) au restaurant marocain.
- f J'.................... (*acheter*) une voiture électrique.

6 Écris des phrases au conditionnel. Sois créatif !

Je manger = Je mangerais une pizza au restaurant.

a   Nous   aller   → ....
b   Alina   avoir   → ....
c   Christophe   être   → ....
d   Mes amis   regarder → ....
e   Je   recycler → ....
f   Vous   trier   → ....

7 Relie les débuts et les fins de chaque phrase.

a   Si on plantait des arbres, …
b   Si les gens recyclaient, …
c   Si on utilisait moins de plastique, …
d   Si on protégeait les animaux, …
e   Si les écoles enseignaient l'écologie, …
f   Si on marchait plus, …

i   il y aurait moins de déchets.
ii   ils survivraient.
iii la pollution diminuerait.
iv   les élèves comprendraient mieux les problèmes.
v   les océans seraient plus propres.
vi   on utiliserait moins de transports polluants.

Défi

8 Écris des phrases en utilisant des verbes au conditionnel et à l'imparfait avec les informations données.

nous   planter   plus d'arbres / réduire les niveaux de dioxyde de carbone dans l'atmosphère

Si nous plantions plus d'arbres, nous réduirions les niveaux de dioxyde de carbone dans l'atmosphère.

a   les gens   faire plus attention au tri des déchets / réduire la pollution des sols et des cours d'eau.

Si ....
....

b   il   pleuvoir   davantage / les sols arides retrouver leur fertilité

Si ....
....

c   je   faire   du vélo au lieu de prendre la voiture / polluer moins l'air

Si ....
....

d tu utiliser des sacs réutilisables / limiter les déchets plastiques dans les océans.

Si ....

....

e le gouvernement investir dans l'énergie solaire / on éviter de dépendre des combustibles fossiles

Si ....

....

f tu éteindre tes appareils électriques la nuit / économiser plus d'énergie

Si ....

....

Compréhension et expression

Fondation/Plus

1 Lis le texte puis décide si les phrases sont vraies (V) ou fausses (F).

> En Guadeloupe, une tempête tropicale a causé de fortes pluies et des inondations soudaines, détruisant plusieurs maisons. On a dû évacuer les habitants vers des zones plus sûres. Au même moment, en Suisse, une vague de chaleur a provoqué une sécheresse intense qui a affecté l'agriculture et les ressources en eau. Pendant ce temps, au Sénégal, des vents violents associés à de fortes vagues ont perturbé la pêche locale, ce qui a forcé les pêcheurs à rester à terre. Enfin, au Canada, une tempête de neige exceptionnelle a coupé l'électricité dans plusieurs régions et paralysé les transports publics.

a En Guadeloupe, une tempête tropicale a provoqué des inondations. ☐

b La Guadeloupe a eu des températures très froid pendant la tempête. ☐

c En Suisse, la chaleur a rendu l'agriculture difficile. ☐

d Les pêcheurs au Sénégal ont travaillé en mer sans problème. ☐

e Au Canada, la neige a causé des problèmes d'électricité. ☐

f Les transports publics au Canada ont continué à fonctionner normalement. ☐

2 Écris 3–4 phrases pour répondre aux questions suivantes. Puis, entraîne-toi à lire ce que tu as écrit à haute voix pour travailler ta prononciation française.

    a Décris le climat dans ton pays (par exemple, les saisons et les temps).

    b Quel temps fait-il normalement en décembre dans ton pays ?

    c Quel est ta saison préférée ? Pourquoi ?

Plus/Défi

3 Lis le texte. Trouve les synonymes dans le texte puis réponds aux questions.

La jeunesse joue un rôle essentiel dans la lutte contre le changement climatique. Selon une étude récente, 79 % des jeunes âgés de 15 à 25 ans considèrent l'environnement comme une priorité majeure. Si les gouvernements écoutaient davantage leurs idées, ils pourraient adopter des politiques plus efficaces. Beaucoup de jeunes affirment qu'ils participeraient à des manifestations pour le climat s'ils avaient plus de soutien de leurs écoles ou familles. Certains disent qu'ils rejoindraient des associations environnementales si elles étaient plus accessibles. Si chacun réduisait sa consommation d'énergie, les émissions de CO_2 diminueraient considérablement. Enfin, les jeunes pensent que, si les entreprises investissaient dans des technologies vertes, l'avenir serait plus prometteur. Malgré les défis, la jeunesse reste optimiste et engagée, prouvant que chaque action, même petite, peut avoir un impact positif sur notre planète. Ensemble, ils montrent que le changement est possible.

    a le combat ....

    b une grande importance ....

    c assisteraient à ....

    d aide ....

    e des organisations écolo ....

    f diminuait ....

---

    i Quelle est la priorité majeure pour 79 % des jeunes de 15 à 25 ans, selon l'étude mentionnée ? ....

    ii Que pourraient faire les gouvernements s'ils écoutaient davantage les idées des jeunes ? ....

    iii Pourquoi certains jeunes ne participent-ils pas aux manifestations pour le climat ? ....

    iv Quelles conditions permettraient à certains jeunes de rejoindre des associations environnementales ? ....

    v Selon les jeunes, quel impact aurait un investissement des entreprises dans des technologies écologiques sur le futur ? ....

4 Écris un paragraphe de 50–60 mots pour répondre aux questions.

    a Qu'est-ce que les jeunes pourraient faire à l'avenir pour être plus écolo ?

    b À ton avis, est-ce que l'environnement devrait être une priorité pour chaque individu ou la société en général ?

Vidéo

5 Regarde la vidéo qui est dans le livre de l'élève et réponds aux questions.

    a Complète la phrase avec le bon mot : (panneaux solaires / éoliennes / usines)

    La Belgique produit de l'énergie avec des .... en mer.

    b Quel est le nom du projet d'île pour l'énergie verte ?

    c Pourquoi est-ce important de travailler avec d'autres pays pour développer l'énergie verte ?

    d Quels sont, selon toi, les avantages de l'énergie verte pour l'avenir ?

Unité 12
Nos espaces de vie

Vocabulaire

Fondation

1 Associe l'aliment ou l'article au magasin approprié.

a le saumon
b de l'agneau
c des bonbons et un coca-cola
d les courses de la semaine
e un colis

i la poste
ii l'épicerie
iii la boucherie
iv le supermarché
v la poissonnerie

2 Lis les phrases et choisis le bon endroit de la liste.

| la bibliothèque | le musée | l'arrêt | le théâtre | l'usine | la clinique |

a On y voit un médecin ou un(e) infirmière. ....
b On y attend le train ou le bus. ....
c On y fabrique des produits. ....
d On y regarde un spectacle. ....
e On y visite une exposition. ....
f On y emprunte des livres. ....

3 Mets les endroits dans la bonne colonne du tableau.

| la station-service   la gare   l'aéroport   le parking |
| le passage pour piétons   l'autoroute   les feux   le rond-point |

On prend le train	On prend la voiture	On prend l'avion	On se déplace à pied

Plus

4 Lis les phrases et décide si elles sont réalistes (R) ou irréalistes (IR).

   a   Je voudrais 500 grammes d'eau, s'il vous plaît. ....

   b   Est-ce que je peux avoir deux litres de lait ? ....

   c   Le magasin n'est pas très loin – c'est à 500 mètres d'ici. ....

   d   Ce sac est très lourd – il pèse 5 grammes ! ....

   e   Ce magasin est très loin – c'est à deux kilomètres d'ici. ....

   f   Je voudrais prendre un kilo de pommes. ....

5 Complète les phrases avec les mots de la liste. **Attention !** Il y a des mots en trop !

argent	bois	coton	cuir	laine	or	plastique	verre

   a   Cet été, je voudrais acheter une robe en ....

   b   Mon frère a acheté un pull en .... pour l'hiver.

   c   Je vais offrir un bracelet en .... à ma copine – elle n'aime pas l'or.

   d   Ma mère cherche un vase en .... teinté.

   e   Ce soir, je vais mettre ma veste en .... pour aller au cinéma.

   f   On a trouvé une table en .... Une table en verre est trop dangereuse !

Défi

6 Associe les questions et les réponses.

   a   Où est-ce que je peux louer un vélo ?

   b   C'est combien ?

   c   Est-ce que je peux payer avec ma carte de crédit ?

   d   Avec qui est-ce que je peux parler pour me plaindre ?

   e   Où est la vendeuse ?

   f   Où est-ce que je peux acheter de la viande ?

   i   Il y a une boucherie pas très loin d'ici.

   ii   Il y a un magasin de location près de la faculté.

   iii Ça fait 15 euros et 99 centimes.

   iv   Elle est près de l'entrée.

   v   Non, il faut payer en espèces.

   vi   Il faut parler avec la responsable de magasin.

> **CONSEIL**
>
> « Payer en espèces », ça veut dire payer avec des billets ou des pièces de monnaie. Le contraire, c'est « payer par/carte ».

Grammaire

Fondation

1 Complète les phrases avec : « du », « de la », « de l' » ou « des ».

   a   Le magasin est à gauche .... école primaire.

   b   Mon appartement est au-dessus .... bibliothèque.

   c   Le rond-point est au milieu .... rue.

   d   Ma maison est près .... aire de jeux.

   e   On est à côté .... commissariat.

   f   La gare routière n'est pas loin .... magasins.

2 Classe les adverbes dans la bonne colonne du tableau.

> mal   toujours   seulement   tous les jours   exactement
> rapidement   d'habitude   bien

Manière	Fréquence

Plus

3 Choisis l'adverbe pour compléter la phrase.

   a   (En ce moment / Hier), je vais à la boulangerie tous les jours.

   b   (Dans le futur / Jeudi dernier), les trains ont circulé lentement.

   c   (L'année dernière / Normalement), il n'y pas assez de bus.

   d   Mes amis ne vont (jamais / souvent) au cinéma le week-end.

   e   Il y a (tous les jours / certainement) une station-service en ville.

   f   Nous allons (exactement / rarement) à la faculté le week-end.

4 Complète les phrases au passif avec le bon participe passé.

> vandalisé   arrêtés   construit   repeinte   inauguré   ouverte

- a La maison a été .... en 1998.
- b Les piétons ont été .... par la police.
- c La faculté a été .... par le Président de la République.
- d Le centre commercial a été .... par le maire le mois dernier.
- e Le château de Chambord a été .... au cours du XVI siècle.
- f Le train a été .... au milieu de nulle part.

Défi

5 Mets les phrases à la voix passive, comme dans l'exemple.
N'oublie pas d'accorder le participe passé, si nécessaire !

> Le maire a ouvert la nouvelle usine. — **La nouvelle usine** a été ouvert**e** par le maire.

- a La vendeuse a fermé le magasin.
     Le magasin ....
- b Le gouvernement a construit un nouveau pont.
     Un nouveau pont ....
- c On a refait la rue l'année dernière.
     La rue ....
- d La police a arrêté les voitures.
     Les voitures ....
- e On a amélioré les quartiers en périphérie.
     Les quartiers en périphérie ....
- f Le technicien a réparé l'ascenseur hier.
     L'ascenseur ....

Compréhension et expression

Fondation/Plus

1 a Lis la conversation puis décide si les phrases sont vraies (V) ou fausses (F).

Vendeur :	Bonjour Monsieur ! Qu'est-ce que vous désirez ?
Client :	Je voudrais deux kilos de courgettes et un kilo de poivrons rouges. Je prépare une ratatouille pour ma famille ce soir.
Vendeur :	Très bien ! Autre chose ?
Client :	Je prends trois kilos de tomates aussi, s'il vous plaît.
Vendeur :	On a une promotion, les poivrons verts sont à cinquante pour cent, seulement deux euros le kilo, moins cher que les poivrons rouges. Vous en voulez aussi ?
Client :	Euh… je ne crois pas… mon fils ne les aime pas… ça ira, merci.
Vendeur :	D'accord ! Je mets tout dans un sac en papier. Ça fait six euros quatre-vingt-dix-neuf.
Client :	Je peux payer avec ma carte de crédit ?
Vendeur :	Ah non, malheureusement on ne les accepte pas. Beaucoup de clients se plaignent mais ça coûte trop cher.
Client :	D'accord, tenez, un billet de dix euros.
Vendeur :	Je vous rends votre monnaie, Monsieur, et je vous souhaite une très bonne journée !
Client :	À vous aussi, au revoir !

    i   Le client achète des choses pour un dîner demain soir.   V / F
    ii Le client achète des poivrons rouges et verts.   V / F
    iii Le vendeur lui donne un sac en papier.   V / F

b Réponds aux questions.

    i   Combien de légumes achète le client ?

    ....

    ii Pourquoi est-ce que les poivrons verts coûtent moins cher que les poivrons rouges ?

    ....

    iii Pourquoi est-ce qu'il ne veut pas de poivrons verts ?

    ....

12 Nos espaces de vie

2 Jeu de rôle. Tu veux faire des crêpes pour tes copains mais il te manque des ingrédients. Tu vas à l'épicerie pour faire des courses. Réponds aux questions de l'épicier et écris des réponses courtes.

    a **Épicier :** Bonjour. Quand veux-tu faire des crêpes ?

        Toi : ....

    b **Épicier :** Pourquoi veux-tu faire des crêpes ?

        Toi : ....

    c **Épicier :** Il te manque quels ingrédients ?

        Toi : ....

    d **Épicier :** En général, tu aimes cuisiner ?

        Toi : ....

    e **Épicier :** Quelle est la dernière chose que tu as cuisinée ?

        Toi : ....

Plus/Défi

3   **a**   Lis le texte, réponds aux questions et coche les 3 phrases de la liste qui sont correctes.

UNE VIRÉE SHOPPING DÉSASTREUSE !

Le week-end dernier, avec ma copine Amandine, on s'est fait une virée shopping à Montréal. C'était la période de soldes donc on espérait trouver de bonnes affaires. Mais on a eu énormément de problèmes et on est rentrées bredouille ! Pour commencer, on s'est rendues en ville mais la rue principale où se trouvent presque tous les magasins a été fermée par la police suite à un accident – pas de chance ! Donc on a décidé d'aller dans un centre commercial pas trop loin de chez Amandine. D'habitude on n'y va pas très souvent le week-end car il y a trop de monde mais c'était la seule option.

On a trouvé un magasin de mode et Amandine a trouvé un jean qu'elle adorait. Malheureusement il était trop large pour elle et il n'en restait plus d'autres à sa taille. J'ai essayé une très jolie robe en laine et j'ai décidé de l'acheter, mais je n'avais pas vu le prix ; à la caisse la vendeuse m'a dit que la robe coûtait 150 dollars ! Un prix inabordable pour une étudiante comme moi !

On était fatiguées donc on a décidé de manger quelque chose. On a commandé des burgers et des frites mais mon burger n'était pas bien cuit. C'était dégoûtant ! Je suis allée me plaindre auprès du personnel mais la serveuse n'était pas du tout serviable et pour couronner le tout, elle a refusé de me rembourser. Quel cauchemar ! Avant de rentrer, on s'est arrêtées dans une bijouterie car Amandine cherchait un collier en argent pour offrir à sa mère mais il n'y avait que des colliers avec des pierres colorées. Tant pis ! On va aller en ville samedi prochain et j'espère que cette fois on aura plus de chance !

Zaïneb

    i   Les amies ont acheté beaucoup de choses. ☐

    ii   Elles sont allées directement au centre commercial. ☐

    iii   Elles vont rarement au centre commercial. ☐

    iv   Le jean était trop grand pour Amandine. ☐

    v   Zaïneb n'a pas aimé la robe qu'elle a essayée. ☐

    vi   La serveuse au restaurant était impolie. ☐

b Réponds aux questions.

    i Pourquoi est-ce que les filles ont décidé de faire les magasins le week-end dernier ?

    ....

    ii Pourquoi était-il impossible d'accéder aux magasins en centre-ville ? Donne deux détails.

    ....

    ....

    iii Qu'est-ce qu'Amandine n'a pas trouvé dans la bijouterie ?

    ....

4 Écris un paragraphe de 60–80 mots pour répondre aux questions.

    a Quels services / magasins aimerais-tu avoir près de chez toi ? Pourquoi ?

    b Tu préfères faire les magasins ou les courses ? Pourquoi ?

    c Quels sont les avantages et les inconvénients de vivre dans une zone urbaine ?

Vidéo

5 Regarde la vidéo qui est dans le livre de l'élève et réponds aux questions.

    a Quelles sont les trois villes francophones qui sont mentionnées ?

    b C'est quoi, un trompe-l'œil ?

    c Qu'est-ce que tu penses des graffitis ? Pourquoi ?

    d Recherche qui était Paul Bocuse et écris un paragraphe pour expliquer pourquoi il est très connu.

Unités 11 et 12
Révise

1 Décode le message. Chaque lettre de la phrase a été remplacée par un chiffre.

A	B	C	D	E	F	G	H	I	J	K	L	M	N	O	P	Q	R	S	T	U	V	W	X	Y	Z
14											7		5		22										

```
 P  R  _  É  _  _  R  '  N  _  _  R  N N  _  N  _  _  _
 5 22 25  2     6  4 22    12  4  7 21 26 22 25  7  7  4  9  4  7  2     4  8  2

 _  _  N  _  _  _  _  _  P  _  R  _  _  _  _  _  _  A  ,  _  A  R
 4  8  8  4  7  2 26  4 12     5 25 17 22    12  4    13 12 26  9 14  2    13 14 22

 _  A  _  P  _  _  _  _  _  _  N  _  _  A
12 14     5 25 12 12 17  2 26 25  7     4  2    12 14

 É  _  R  _  _  A  _  _  N  _  _  N  _  _  _  _  A
 1     3 25 22  4  8  2 14  2 26 25  7     9  4  7 14 13  4  7  2    12 14

 P  _  A  N  È  _  _
 5 12 14  7     2  4
```

2 Imagine que tu es un explorateur ou une exploratrice vivant en 2126. La planète a énormément changé, et tu écris une lettre à des jeunes de 2026 pour leur décrire la Terre telle qu'elle est devenue. Écris entre 120 et 130 mots.

  a Commence ta lettre par une salutation adaptée, comme « Chers jeunes de 2026 ».

  b Décris un aspect positif du futur (par exemple, des solutions écologiques étonnantes qui ont été inventées).

  c Parle d'un problème environnemental que l'on a dû résoudre (ou que l'on n'a pas pu résoudre).

  d Explique les effets du changement climatique sur le climat ou la nature (par exemple, les saisons ou les animaux).

  e Conclus en donnant un conseil ou un message d'espoir aux jeunes de 2026.

Attention ! Il faut utiliser au moins 3 phrases avec le conditionnel : « si » + imparfait + conditionnel.

3 Lis les indices et complète les mots croisés.

Horizontalement

3 C'est où l'on entre dans un bâtiment, au-dessous du premier étage.
5 On l'utilise pour traverser une rivière.
6 Quand on conduit, il faut s'arrêter ici afin d'éviter des accidents.
7 Les voitures ne peuvent pas circuler ici – c'est réservé aux piétons.

Verticalement

1 L'étage au-dessus du rez-de-chaussée.
2 Les enfants peuvent y jouer avec leurs amis.
4 Quand il y a beaucoup de voitures sur la route.
8 On le prend afin d'accéder aux étages supérieurs d'un bâtiment ou d'un immeuble.

> Unités 9 à 12
Prêt ?

Lis

1 Lis le texte de Xavier et entoure la bonne réponse.

> Avec ma famille, on habite dans un petit appartement depuis que je suis né. Je partage ma chambre avec mon frère jumeau. Ça ne me dérange pas car on s'entend super bien. Quand mes parents étaient plus jeunes, ils habitaient au bord de la mer mais maintenant, on vit dans une grande ville. Je préférerais vivre à la campagne ou à la mer car ma ville est très polluée et sale. On habite près d'un stade et quand il y a un match de foot ou de rugby, les gens jettent leurs déchets par terre. C'est dégoûtant ! Il y a aussi beaucoup de circulation, ce qui est bruyant. Cependant, à partir de la semaine prochaine, le prix du ticket de bus va diminuer alors j'espère que plus de personnes prendront les transports en commun.

a Xavier habite dans un appartement depuis…

  i trois ans
  ii le mois dernier
  iii toujours
  iv la semaine dernière

b Xavier et son frère…

  i se disputent beaucoup
  ii s'entendent bien
  iii ont chacun leur chambre
  iv ne vivent pas ensemble

c Les parents de Xavier vivaient…

  i à la montagne
  ii à la campagne
  iii en ville
  iv au bord de la mer

d Xavier pense que les gens sont…

  i accueillants
  ii sales
  iii étranges
  iv sportifs

e Près de chez Xavier, il y a beaucoup…

  i de voitures
  ii de piétons
  iii d'animaux
  iv d'enfants

f Les transports en commun vont bientôt être…

  i gratuits
  ii plus modernes
  iii moins chers
  iv moins polluants

2 Lis le texte et choisis le bon mot pour compléter la phrase.

Pour mon dernier anniversaire, mes parents m'ont offert une tablette. Au début, j'étais super contente car ça faisait longtemps que j' **(a)** .... voulais une ! J'ai immédiatement installé mes jeux préférés et des réseaux sociaux. **(b)** ...., je suis très sportive et j'aime beaucoup lire des romans d'aventure mais au bout de quelques semaines, j'ai arrêté mes activités habituelles car je **(c)** .... beaucoup de temps connectée à ma tablette. Je dormais mal, je ne mangeais **(d)** .... de nourriture saine et mes parents ont commencé à s'inquiéter. Nous sommes allés chez le docteur et elle m'a dit qu'il fallait que je réduise le temps passé sur les réseaux sociaux et à jouer aux jeux vidéo. **(e)** ...., c'était difficile car j'avais perdu l'habitude de faire d'autres activités. Alors mes parents ont adopté un chien pour m'aider à sortir de la maison et **(f)** .... a changé ! Je le promène trois fois par jour, je joue avec lui et je me sens beaucoup **(g)** .... !

- **a** y / en / la / lui
- **b** Normalement / Seulement / Doucement / Soudainement
- **c** passerais / passerai / passais / vais passer
- **d** plus / personne / rien / aucune
- **e** Toujours / Depuis / D'abord / Encore
- **f** tout / toute / tous / toutes
- **g** meilleure / bien / bon / mieux

Écris

3 Écris environ 120 mots en français pour répondre aux questions.

- Décris la maison de tes rêves.
- Quels appareils numériques y a-t-il dans la maison de tes rêves ?
- Quel est l'appareil numérique moderne que tu préfères ?
- Dans quel pays aimerais-tu habiter à l'avenir ? Pourquoi ?

> **CONSEIL**
>
> Pour répondre à la question « Dans quel pays aimerais-tu habiter à l'avenir ? Pourquoi ? », tu peux parler de la météo, des continents et des langues parlées.

4 Tu es volontaire dans une association pour nettoyer les plages.
Tu écris un e-mail à un(e) ami(e) sénégalais(e) pour lui en parler.

- Dis où tu es volontaire et depuis quand.
- Décris ce que tu fais au quotidien.
- Que penses-tu de cette expérience ?
- Est-ce que c'est important de faire partie d'une association ? Pourquoi ? Pourquoi pas ?
- Où feras-tu du bénévolat l'année prochaine ?

Parle

5 Jeu de rôle. Tu pars en vacances en Tunisie et tu es à l'aéroport. Tu parles à un(e) autre passager/passagère. Réponds aux questions et écris des phrases courtes.

   a Excusez-moi, à quelle heure arrive l'avion ?

      ....

   b Pourquoi allez-vous en Tunisie ?

      ....

   c Vous préférez prendre l'avion ou le train ? Pourquoi ?

      ....

   d Quel autre pays francophone avez-vous déjà visité ? Qu'est-ce que vous avez fait ?

      ....

   e Qu'est-ce qu'on pourrait faire pour moins polluer la planète ?

      ....

6 Conversation générale. Entraîne-toi à répondre à ces questions à l'oral avec aux moins deux phrases pour chaque réponse. Fais attention au temps de chaque question !

   a Qui fait les courses dans ta famille ?
   b Qu'est-ce qu'on peut acheter au marché de là où tu habites ?
   c Parle-moi de la dernière fois que tu as acheté un appareil numérique.
   d Selon toi, quels sont les avantages et inconvénients des appareils numériques ?
   e Dans 50 ans, comment vas-tu utiliser tes appareils numériques ?

Unité 13
À l'école

Vocabulaire

Fondation

1 Résous les anagrammes. Les mots sont masculins (m) ou féminins (f) ? Utilise un dictionnaire pour t'aider.

   a   leloc   c. olle................   f........

   b   erfênte   f....................   ....

   c   urestos   t....................   ....

   d   ndriacntoiie   d....................   ....

   e   rctnae   c....................   ....

   f   namuel locsreia m.................... s....................   ....

2 Lis les phrases et écris la bonne matière.

| le dessin | la chimie | le théâtre | l'histoire | l'EPS | l'informatique |

   a   C'est une science mais ce n'est ni la biologie ni la physique, c'est
       ....

   b   C'est la matière idéale pour ceux qui sont très actifs et plein d'énergie.
       C'est ....

   c   C'est parfait si l'on s'intéresse au passé. C'est ....

   d   L'art, c'est ma passion, donc j'ai décidé d'étudier ....

   e   Les ordinateurs, c'est mon truc, donc j'adore ....

   f   Mon frère veut devenir acteur car il apprécie ....

13 À l'école

3 Complète le texte avec les mots de la liste.

> lecture   l'université   école internationale   déjeuner
> l'école primaire   l'école maternelle   sixième

Quand j'étais enfant, j'allais à (a) .... de mon village.

Je me rappelle qu'on faisait la sieste après le (b) ....!

Ensuite, quand j'ai eu 6 ans, on a déménagé et j'ai commencé

(c) .... dans une autre ville. J'ai appris à lire et

depuis, j'adore la (d) ....! C'est ma passion ! Ma

première année de collège, la (e) ...., s'est bien passée

parce que j'étais avec mes amis du primaire. Maintenant, je vais dans une

(f) ...., près de Bombai, et je l'adore ! Mon grand-frère,

lui, est à (g) .... au Canada car il veut devenir ingénieur.

Plus

4 Associe le début et la fin des expressions verbales.

a   passer   i   des notes
b   avoir   ii   une expérience
c   prendre   iii de bons résultats
d   faire   iv   un examen
e   répondre   v   le tableau
f   regarder   vi   aux questions

5 Complète les phrases avec les mots de la liste.

> religion   lycée   interactifs   question   livres
> examens   ordinateur portable

a   Il est perdu – il n'a pas compris la .... posée par le professeur.

b   Elle a réussi tous les .... qu'elle a passés l'année dernière.

c   Ma copine va utiliser ses .... pour réviser, ainsi que son

    ....

d   J'adore mon .... On est plus libres qu'au collège et les cours sont
    plus intéressants.

e   Demain matin, j'ai cours de .... Le prof est sympa mais je n'aime
    pas trop la matière.

f   Dans mon collège, on a des tableaux ...., ce qui rend les cours
    vraiment amusants !

6   Mets les mots dans le bon ordre pour former des phrases.

dix matières / étudions / nous = Nous étudions dix matières.

a   deux / ans / français / apprends / depuis / j' / le
b   viens / de / commencer / à / apprendre / l' / je / italien
c   étudiant / l' / on / histoire / en / le / découvre / passé
d   de / j' / décidé / parler / avec / enseignant / ai / l'/
e   nous / de / passer / des / écrites / venons / épreuves

Défi

7   Choisis le bon mot pour compléter le texte.

À quoi ressemble ma routine scolaire ? Je vais au collège en bus, comme ça je peux **(a)** (savoir / réviser) mes cours pendant le trajet. Je voudrais **(b)** (devenir / demander) chirurgien et comme c'est une carrière difficile, il faut que je **(c)** (rate / réussisse) mes examens. J'adore les sciences en général, mais j'ai dû mal à **(d)** (répondre / comprendre) les cours de maths, donc je **(e)** (m'entraîne / écris) souvent le soir, sur l'ordinateur. J' **(f)** (étudie / apprends) beaucoup parce que je ne veux pas **(g)** (échouer / surveiller), et mes parents me disent qu'il est important de prendre du temps pour moi, faire du sport ou **(h)** (expliquer / lire) un roman.

Grammaire

Fondation

1   Entoure le bon pronom relatif.

a   Le lycée international (qui / où) j'étudie est situé en France.
b   Ma petite sœur, (qui / que) me manque beaucoup, fait ses études à l'étranger.
c   Le Mali est un pays (où / que) beaucoup de personne parlent français.
d   Le livre (qui / que) je suis en train de lire est excellent.
e   La question (que / où) le prof a posée était difficile.
f   La salle, (qui / où) est à côté de la cantine, est fermée.

2 Complète les phrases avec le participe présent des verbes entre parenthèses.

   a En .... (*travailler*) avec ses amis, il a compris la matière.

   b En .... (*réviser*) ses cours, on a de bonnes notes.

   c Il aime étudier en .... (*écouter*) de la musique.

   d En .... (*parler*) avec ses camarades, elle a appris beaucoup de choses.

   e Il lisait en .... (*attendre*) le professeur.

   f En .... (*expérimenter*) dans les laboratoires, elle a découvert sa passion pour les sciences.

3 Complète les phrases avec « à » ou « de ».

   a Nous avons oublié .... faire les devoirs.

   b Je vais commencer .... étudier l'art dramatique.

   c Il continue .... faire les mêmes erreurs.

   d Elle a fini .... faire ses devoirs de maths.

   e Le professeur nous a proposé .... regarder un film.

   f Mes parents ont décidé .... m'inscrire dans une école internationale.

Plus

4 Écris des phrases au présent en employant tous les mots et « depuis ».

   Je / apprendre / le / français / deux / ans   J'apprends le français depuis deux ans.

   a Nous / connaître / ce professeur / trois mois
   ....

   b Ils / étudier / cetter matière / longtemps
   ....

   c Je / faire / mes devoirs / deux heures
   ....

   d Tu / travailler sur / ce projet scolaire / combien de temps ?
   ....

   e Je / attendre / mes résultats / trois semaines
   ....

5   Transforme les phrases en utilisant le passé récent.

   Il est tombé malade il y a un instant. Il vient de tomber malade.

   a   Les cours ont fini il y a un instant.
   ....
   b   J'ai parlé avec mon professeur il y a un instant.
   ....
   c   Nous sommes entrés dans la salle de classe il y a un instant.
   ....
   d   Nous avons terminé nos examens il y a un instant.
   ....
   e   Tu as acheté ton matériel scolaire il y a un instant.
   ....
   f   Elle a commencé à réviser pour son baccalauréat.
   ....

Défi

6   Transforme les phrases en utilisant un pronom relatif : « qui », « que », « dont » ou « où ».

   a   Je te présente mon prof. Je connais mon prof depuis hier.
   ....
   b   Elle prend le bus pour aller à l'école. Le bus passe à 8h30.
   ....
   c   Mon manuel scolaire est sur la table. La table est à côté de la fenêtre.
   ....
   d   J'ai un frère. Mon frère est l'université.
   ....
   e   Tu lis un livre. Ce livre est très intéressant.
   ....
   f   Sarah vit dans un village. Je t'ai parlé de ce village.
   ....

Compréhension et expression

Fondation/Plus

1 Lis le texte d'Elsa et coche les 4 phrases de la liste qui sont vraies.

> Demain, je vais faire ma rentrée dans une nouvelle école, qui est plus loin de chez moi. Je vais devoir y aller en bus et je n'ai pas hâte car je vais devoir me lever plus tôt le matin. Dans mon ancienne école, on était très nombreux en classe et j'avais des difficultés à apprendre. En plus, les activités extra-scolaires n'étaient pas très variées et je m'ennuyais pendant la pause-déjeuner, qui durait deux heures. Je vais m'inscrire à la danse contemporaine et au badminton. Étant sociable, je pense que je vais me faire de nouveaux amis rapidement !

a Elsa commence l'école la semaine prochaine. ☐
b Sa nouvelle école est éloignée de sa maison. ☐
c Elle va se réveiller tard le matin. ☐
d Elsa trouvait les cours difficiles. ☐
e La pause-déjeuner était longue. ☐
f Elle rencontre des nouvelles personnes rapidement. ☐

2 Jeu de rôle. Tu discutes avec ton ami(e) francophone. Écris des réponses possibles aux questions suivantes.

Tu étudies le français depuis combien de temps ?

....

En faisant tes devoirs ou en étudiant, tu fais d'autres activités ?

....

Tu es fort(e) en quelles matières cette année ?

....

Quelle matière commenceras-tu à étudier l'année prochaine ?

....

Qu'est-ce que tu vas faire après le lycée ?

....

Plus/Défi

3 Lis les présentations des étudiants puis les descriptions des établissements scolaires. Quelle option convient le mieux à chaque personne ? Mets une croix dans la bonne colonne du tableau.

> **Sara :** Je suis très sportive et je dois absolument faire une activité physique tous les jours. Je voudrais étudier au moins deux langues étrangères aussi. Les matières créatives ne m'intéressent pas trop.

> **Karim :** Je suis très doué pour les maths et la physique – je veux devenir ingénieur. Comme langues vivantes, j'étudie l'anglais. Après les cours, j'aime me déconnecter en faisant du sport, surtout de la natation.

> **Anh :** J'étudie l'art dramatique depuis des années et j'ai très envie de continuer à le faire. Ma famille est d'origine vietnamienne, donc je suis déjà bilingue et j'ai des amis de diverses cultures.

Les établissements scolaires		Sara	Karim	Anh
1	**Lycée Simone Veil** Il y a de nombreux laboratoires où l'on peut faire des expériences. On vient d'ouvrir une piscine couverte, les élèves auront l'occasion d'y aller le soir deux fois par semaine. On enseigne l'allemand et l'anglais.			
2	**Lycée Racine** Nos élèves montent un spectacle chaque trimestre depuis des années. Ils adorent s'exprimer ! Le lycée est situé dans un quartier multiculturel de Paris où l'on entend de diverses langues chaque jour.			
3	**École Victor Hugo** On vient d'élargir notre offre d'activités extra-scolaires. Grâce au nouveau terrain de foot, il y a la possibilité de jouer au foot tous les jours. La piste d'athlétisme est ouverte de lundi à jeudi aussi. Quant aux langues vivantes, on a des professeurs qui enseignent l'allemand, l'espagnol, le chinois et l'anglais.			

13 À l'école

4 Écris un paragraphe pour répondre aux questions.

   a Quelles activités extra-scolaires fais-tu le midi ou après l'école ?

   b Quelles activités aimerais-tu proposer au directeur / à la directrice de ton école ? Pourquoi ?

....
....
....
....
....

CONSEIL

Si tu ne fais pas d'activités extra-scolaires, explique pourquoi. Tu peux aussi parler de ce que font tes amis.

Vidéo

5 Regarde la vidéo qui est dans le livre de l'élève et réponds aux questions.

   a Écoute et complète la phrase avec les mots qui manquent.

   Les **(i)** .... , ou une partie des cours sont réalisés **(ii)** .... , grâce à un ordinateur ou une **(iii)** .... , plutôt que **(iv)** .... une salle de classe à **(v)** .... d'une école.

   b Pourquoi est-ce que les cours à distance sont meilleurs pour l'environnement ?
....
....

   c Les cours à distance, tu en penses quoi ?
....
....

   d Comment sera l'école dans le futur ? Tu crois que tout sera différent ?
....
....

Unité 14
Citoyen du monde

Vocabulaire

Fondation

1   Complète les mots avec les voyelles qui manquent et classe-les dans la bonne colonne du tableau.

   a   b_bl__th_q__   c   gymn_s_   e   s_ll_ d_ cl_ss_

   b   c_ntr_ sp_rt_f   d   c_nt_n_   f   c__r

Masculin	Féminin

2   Associe les mots à leur définition.

   a   un contrôle   i   Ce qu'un élève doit faire à la maison.
   b   un copain de classe   ii   Une personne dans ta classe que tu connais bien.
   c   les devoirs   iii   Le planning de ta journée à l'école.
   d   un emploi du temps   iv   Un petit test pendant un cours.
   e   une note   v   Le moment où les élèves mangent à midi.
   f   la pause-déjeuner   vi   Le chiffre ou la lettre qu'on reçoit après un test.

3   Complète les phrases avec un verbe de la liste.

> ratons   demande   fait   connaît   comprends   surveille

a   Je ne .... pas ce que le prof veut dire.

b   Ma sœur .... bien les règles du collège.

c   Cet élève .... s'il peut aller aux toilettes.

d   Nous .... parfois les tests quand nous ne travaillons pas assez.

e   Aujourd'hui, la classe de sciences .... une expérience avec des produits chimiques.

f   Le professeur .... les élèves pendant le contrôle.

Plus

4   Relie les débuts et les fins de chaque phrase.

a   Aller dans un camp d'été au Québec aide à…
b   On rencontre des amis…
c   Les activités en plein air sont…
d   Le camp apprend le travail…
e   On découvre…
f   On a plus confiance en soi…

i   …bonnes pour la santé.
ii …en équipe et la coopération.
iii …en essayant de nouvelles choses.
iv …mieux comprendre les communautés francophones.
v   …la belle nature du Québec.
vi …de différents pays.

5   Complète les phrases avec les verbes de la liste. **Attention !** Il y a des mots en trop.

> cherche   découvrent   échangent   étudient
> organise   passent   peuvent   posent   s'ouvrir   se trouvent

a   Un citoyen du monde .... à apprendre et à comprendre différentes cultures.

b   À l'internat, les élèves de toutes nationalités .... ensemble.

c   Le proviseur .... un programme éducatif enrichissant, avec des cours de langues et des projets sur la diversité.

d   À la bibliothèque, ils .... lire des livres sur le monde.

e   En salle de classe, ils .... des questions et .... leurs idées.

f   À la cantine, ils .... des plats internationaux.

Défi

6 Choisis le bon mot pour compléter la phrase.

> Faire du bénévolat **(a)** (à la bibliothèque / à l'étranger) dans un pays francophone présente de nombreux **(b)** (avantages / points négatifs) et quelques inconvénients.
>
> D'un côté, cette expérience permet **(c)** (d'améliorer / de réduire) son niveau de français en pratiquant la langue tous les jours.
>
> De plus, elle offre la possibilité de découvrir une nouvelle **(d)** (recette / culture), de rencontrer des gens intéressants et de développer de nouvelles **(e)** (habitudes / compétences) utiles pour l'avenir. Le bénévolat permet aussi de donner un sens à ses actions en aidant les autres, ce qui peut être très gratifiant.
>
> Cependant, il y a aussi des défis. Vivre **(f)** (loin / près) de sa famille peut être difficile, et s'adapter à un nouvel environnement demande de la patience.
>
> Parfois, les **(g)** (conditions / collègues) de travail ne sont pas faciles, et le coût du voyage peut être élevé.
>
> Enfin, il est essentiel de bien choisir l'organisation pour garantir une **(h)** (mission / expérience) enrichissante et bien encadrée.
>
> Malgré ces défis, le bénévolat à l'étranger reste une expérience précieuse qui peut marquer une vie.

Grammaire

Fondation

1 Déchiffre ces anagrammes pour identifier 6 conjonctions.

    a rac ....

    b ndoc ....

    c sami ....

    d mecom ....

    e is ....

    f rapec euq ....

2 Classe les conjonctions dans la bonne colonne.

| mais | ou | comme | donc | et | puisque |
| parce que | que | quand | car | où | si |

Conjonctions de subordination	Conjonctions de coordination

CONSEIL

Utiliser des conjonctions rendra tes phrases plus complexes et intéressantes.

3 Remplis le tableau avec la bonne forme de chaque adjectif indéfini.

Singulier masculin	Singulier féminin	Pluriel masculin	Pluriel féminin
	autre		
chaque		–	–
	quelque		
–	–	plusieurs	
tout			

Plus

4 Associe les débuts et les fins de phrases.

a N'importe qui peut s'inscrire…
b Chacun a besoin…
c Quelqu'un vient…
d Les élèves ont découvert quelque chose…
e Il ne faut pas croire…
f On peut téléphoner à quelqu'un…

i …n'importe quoi.
ii …quand c'est nécessaire.
iii …de se sentir chez lui à l'école.
iv …d'intéressant aujourd'hui.
v …d'arriver dans ma classe.
vi …dans un internat, même s'il vient de loin.

5 Choisis la bonne réponse pour compléter chaque phrase.

   a   Parler plusieurs langues est un avantage pour (rien / quelqu'un).

   b   Avant de partir étudier à l'étranger, il faut penser à (plusieurs / chaque) partie importante.

   c   J'ai essayé de parler avec mon voisin de classe, mais (n'importe qui / personne) ne répondait.

   d   (Chacun / Quelqu'un) a besoin d'aide pour comprendre cette règle de grammaire ?

   e   Pendant mon séjour en France, j'ai découvert que (chacun / quelque chose) a son propre accent régional.

   f   Pour apprendre une langue rapidement, il faut pratiquer (chaque / n'importe quel) jour.

Défi

6 Choisis la bonne conjonction pour compléter chaque phrase.

   a   Les étudiants veulent réussir leurs examens, … ils doivent travailler dur.

       i   mais
       ii   donc
       iii   puisque
       iv   si

   b   Il a choisi d'étudier à l'étranger … il voulait découvrir une nouvelle culture.

       i   alors
       ii   car
       iii   bien que
       iv   néanmoins

   c   J'adore apprendre de nouvelles choses, … je lis beaucoup de livres.

       i   mais
       ii   puisque
       iii   alors
       iv   si

   d   Elle révise chaque soir … elle puisse bien se préparer pour son examen.

       i   afin qu'
       ii   mais
       iii   car
       iv   donc

   e   Nous avons suivi un cours en ligne … nous avions besoin de plus de flexibilité.

       i   cependant
       ii   donc
       iii   puisque
       iv   bien que

   f   Il a obtenu son diplôme … il n'eût pas beaucoup de temps pour étudier.

       i   quoiqu'
       ii   car
       iii   sinon
       iv   alors

Compréhension et expression

Fondation/Plus

1 Lis le texte et réponds aux questions.

Chaque été, l'Organisation internationale de la Francophonie (OIF) propose des stages passionnants pour les jeunes qui souhaitent enrichir leurs compétences et découvrir le monde francophone. Les stagiaires travaillent sur divers projets, tels que la promotion de la langue française ou l'organisation d'événements culturels. Ils ont l'occasion de collaborer avec des experts et de développer des compétences professionnelles précieuses. Les stages sont ouverts aux étudiants du monde entier et permettent de créer des liens avec d'autres passionnés de la Francophonie, soit de la France métropolitaine ou de l'étranger. Situés principalement à Paris ou dans d'autres villes francophones, ces stages offrent une immersion totale dans la culture francophone. Une bonne maîtrise du français est recommandée pour pouvoir communiquer efficacement avec les équipes et les partenaires.

a Les stages de La Francophonie sont proposés…
  - i toute l'année
  - ii uniquement en été

b Les stagiaires peuvent travailler sur…
  - i des promotions
  - ii des projets liés à la Francophonie

c Une des activités principales du stage est…
  - i la promotion de la langue française
  - ii l'apprentissage d'une nouvelle langue

d Le stage est accessible aux…
  - i étudiants du monde entier
  - ii aux résidents de Paris uniquement

e L'endroit principal pour les stages est…
  - i Paris ou d'autres villes francophones
  - ii à l'étranger

f Une des meilleures choses du stage est…
  - i l'immersion dans la culture francophone
  - ii l'apprentissage de l'anglais

2 Est-ce que tu aimerais faire un stage chez l'OIF ? Pourquoi ? Pourquoi pas ? Écris environ 35–40 mots et justifie ta réponse.

Plus/Défi

3   Lis le texte et trouve les 3 phrases de la liste qui sont fausses.

Apprendre le français ouvre la porte aux échanges interculturels, permettant aux gens de se connecter au-delà des frontières. Le français est parlé dans plus de 29 pays, faisant de cette langue un pont entre différentes traditions, perspectives et modes de vie. En étudiant le français, les élèves acquièrent non seulement des compétences linguistiques, mais aussi une sensibilité culturelle. Ils découvrent les régions francophones, du Québec au Sénégal, chacune ayant ses propres coutumes et son histoire unique. Cela favorise la compréhension et le respect de la diversité.

Les échanges interculturels à travers l'apprentissage d'une langue permettent de développer l'empathie. Les élèves peuvent communiquer avec des locuteurs natifs, vivre des conversations authentiques et apprécier l'impact de la culture sur l'identité. Le français offre aussi des opportunités de voyage, d'études et de travail dans des communautés diverses.

En embrassant le français, les élèves dépassent les barrières, combattent les stéréotypes et construisent des liens significatifs. La langue n'est pas seulement des mots – c'est un moyen d'unir les peuples et de favoriser un monde plus inclusif et interconnecté.

   a   Apprendre le français aide à se faire des amis dans le monde.
   b   Le français est parlé dans plus de quarante pays, ce qui rapproche les cultures.
   c   Les élèves apprennent seulement la grammaire et le vocabulaire en français.
   d   Découvrir des pays comme le Québec et le Sénégal aide à mieux comprendre les cultures francophones.
   e   Parler français aide surtout à mieux réussir à l'école, mais n'a pas vraiment d'impact sur la communication avec les francophones.
   f   Le français permet de voyager, étudier et travailler dans différents endroits.

4   Écris 3–4 phrases pour répondre aux questions. Puis, entraîne-toi à lire ce que tu as écrit à haute voix pour travailler ta prononciation française.

   a   Aimes-tu apprendre le français ? Pourquoi ? Pourquoi pas ?
   b   Pourquoi est-il important d'apprendre les langues vivantes ?
   c   Comment pourrais-tu utiliser ton français à l'avenir ?

Vidéo

5   Regarde la vidéo qui est dans le livre de l'élève et réponds aux questions.

   a   Entoure les mots que tu entends :
       école   internat   vacances   film   professeur
   b   Complète la phrase avec le bon mot :
       Un internat en Suisse accueille plus de .... nationalités.
   c   Pourquoi certains élèves choisissent-ils d'étudier dans un internat à l'étranger ?
   d   À ton avis, quels sont les avantages et les inconvénients d'aller dans un internat à l'étranger ?

Unités 13 et 14
Révise

1. Trouve les 12 mots et expressions dans la grille.
   Cherche les mots que tu ne connais pas dans le dictionnaire.

   | contrôle | copain de classe | cours | devoirs | dossier | épreuve |
   | examen | emploi du temps | instructions | note | pause-déjeuner | récréation |

   ```
   O C Z W Y K D T N R X Y R I I
   E F O H D E Z L T K S U D M A
   V V F P V M U S J V E T L Z T
   C I U O A R O Y Z G W A N M Y
   T U I E M I É W V Y O H K L E
   M R N R R L N C C T K E R G K
   S E E G C P W D R E I S S O D
   D G M M O E É M E É J H I Z X
   R F A Z U I T Q F C A G C T R
   O O X E R N P O R Y L T E M C
   M V E Q S J L W N H G A I A R
   S N O I T C U R T S N I S O Z
   F C O N T R Ô L E S W Y A S N
   E M P L O I D U T E M P S Z E
   C I P A U S E D É J E U N E R
   ```

149

2 Remets les étiquettes dans l'ordre pour révéler un message.
Chaque tuile ne peut être utilisée qu'une seule fois.

Réussir à l'école est important pour avoir un bon avenir et atteindre ses objectifs.

3 Associe la bonne réponse à chaque question.

Questions :

- a Qui t'aide à faire tes devoirs ? — **ii**
- b Quelles sont tes matières préférées ? — **v**
- c Où étudies-tu le plus efficacement ? — **i**
- d Combien d'examens vas-tu passer cette année ? — **iv**
- e Comment prépares-tu tes examens ? — **vi**
- f Pourquoi veux-tu aller à l'université ? — **iii**

Réponses :

- i D'habitude, je vais à la bibliothèque.
- ii Mon frère m'aide souvent.
- iii Parce que j'aime apprendre de nouvelles langues.
- iv J'en passerai cinq, dont trois en sciences.
- v J'adore l'histoire et la littérature.
- vi Je révise avec des fiches et des exercices pratiques.

4 Lis le texte d'André et remets les phrases qui suivent dans le bon ordre selon le texte.

> Je m'appelle André et cet été, je viens de passer un trimestre dans un internat à Montréal. C'était une expérience incroyable qui m'a permis d'apprendre beaucoup de choses. Dès mon arrivée, j'ai remarqué plusieurs différences entre le système scolaire québécois et celui de la France. Les élèves ont plus de liberté dans le choix des matières, et les professeurs les encouragent à participer activement en classe. En plus, il y a beaucoup d'activités extra-scolaires, comme des sorties en pleine nature ou des ateliers créatifs.
>
> Ce que j'ai aimé le plus, c'était l'ambiance accueillante et la possibilité d'échanger avec des camarades bilingues. J'ai passé des heures à étudier et à discuter avec mes amis après les cours. Cependant, la France m'a parfois manqué. J'avais du mal à m'habituer à certains repas québécois et à comprendre certaines expressions locales. Malgré cela, cette expérience m'a rendu plus autonome et m'a donné envie de revenir. Si j'avais l'occasion, je repartirais sans hésiter !

- **a** ☐ Si je pouvais y retourner, je le ferais toute de suite.
- **b** ☐ Cette expérience m'a aidé à devenir plus indépendant.
- **c** ☐ Il y avait plus de choix pour les élèves.
- **d** ☐ J'ai rencontré des gens intéressants et découvert de nouvelles cultures.
- **e** ☐ Le système scolaire était différent.
- **f** ☐ On avait de nombreuses activités, ce qui rendait le séjour plus amusant.
- **g** ☐ Cet été, j'ai étudié dans un internat au Canada.
- **h** ☐ Parfois, ma famille et la cuisine française me manquaient.

5 Écris un paragraphe de 90–100 mots pour répondre aux questions. Inclus des opinions !

- **a** Qu'est-ce que tu aimes le plus dans ton école ?
- **b** Qu'est-ce que tu changerais si tu étais directeur/directrice de ton école ?
- **c** Aimerais-tu faire un séjour dans un internat à l'étranger ? Pourquoi ? Pourquoi pas ?

Unité 15
Le monde du travail

Vocabulaire

Fondation

1 Complète les mots croisés avec le masculin du métier.

Horizontalement

3 comptable
5 avocate
6 coiffeuse
7 ingénieure
8 actrice

Verticalement

1 gendarme
2 femme soldat
3 cuisinière
4 infirmière

2 Entoure la bonne réponse.

   a Mon père travaille comme (instituteur / institutrice) depuis vingt ans.
   b Ma mère est (coiffeur / coiffeuse).
   c Ma tante Esther est (homme / femme) d'affaires.
   d Mon ami Florent est (steward / hôtesse de l'air).
   e Ma meilleure amie veut devenir (créateur / créatrice) de mode.
   f Mon frère Morad est (serveur / serveuse) dans un restaurant cinq étoiles.

15 Le monde du travail

3   Associe chaque emploi à sa description.

> vétérinaire   serveur   professeur   infirmier   boulanger

CONSEIL

Si des mots semblent difficiles, essaie d'en deviner le sens grâce au contexte.

a   Afin de faire ce métier, il faut être travailleur car c'est fatigant et les heures sont longues ! Il ne faut pas avoir peur du sang ! En plus, il faut aimer travailler avec les gens et travailler en équipe. Il faut avoir le bac et une licence. ....

b   Pour faire ce métier, il faut aimer travailler avec les jeunes. On doit avoir énormément de patience et savoir s'adapter. L'avantage, c'est qu'on a de longues vacances ! ....

c   Tout d'abord, il faut obtenir de très bonnes notes au lycée, surtout en maths et sciences. Puis on doit faire de longues études à la fac. Il faut soigner les animaux qui sont malades. ....

d   Si l'on veut faire ce métier, il faut bien connaître les plats du restaurant où l'on travaille. Il faut absolument savoir travailler avec le public et être courtois et tenace. ....

e   Pour faire ce travail, on doit être poli et souriant. Les heures sont longues et le travail n'est pas toujours passionnant mais peut être gratifiant. L'inconvénient, c'est que l'on doit travailler pendant la nuit. ....

Plus

4   Associe les débuts et les fins de phrases.

a   Après avoir terminé ses études en langues…
b   Après être arrivée en retard tous les jours…
c   Elle est partie…
d   Après avoir abandonné leurs études…
e   Après avoir fait un stage à l'hôpital…
f   Après avoir quitté son travail…

i   …elle a été renvoyée et elle s'est retrouvée au chômage.
ii   …elle a décidé de partir en vacances en Asie.
iii …sans avoir dit au revoir à ses collègues.
iv   …il a décidé de travailler à l'étranger.
v   …ils ont décidé de faire le tour du monde.
vi   …elle a décidé de devenir sage-femme; maintenant elle cherche du travail à Paris.

5 Classe les noms et les adjectifs dans la bonne colonne du tableau.
Il y a plusieurs réponses.

> un congé   promu(e)   viré(e)   du travail   sa retraite   en équipe
> sa candidature   renvoyé(e)   un stage   au chômage   embauché(e)
> à son compte   de meilleures opportunités   une question   patron(ne)
> de son mieux   un stage   un emploi

prendre	chercher	poser	être	travailler	faire

Défi

6 Complète les phrases avec les mots de la liste.
Attention ! Il y a des mots en trop et il faut accorder les adjectifs.

> congé   retraite   stage   promu(e)   salaire   atelier
> entreprise   chômeur / chômeuse   compte

a   Il avait quitté son travail car il voulait travailler à son ....

b   Il avait pris un .... paternité après la naissance de leur fils.

c   Elle avait été .... après avoir atteint les objectifs.

d   Ils avaient décidé de l'embaucher car il a très bien travaillé pendant son

   ....

e   Nous avions travaillé dans une grande .... en Polynésie française.

f   Khalil avait remarqué que le travail était bien rémunéré – il était
   très satisfait de son ....

Grammaire

Fondation

1 Transforme les verbes du passé composé au plus-que-parfait.

a j'ai travaillé ....

b tu as fait ....

c elle a mangé ....

d nous avons perdu ....

e vous avez pris ....

f ils ont cherché ....

2 Entoure le bon verbe auxiliaire.

a J'(étais / avais) parti en vacances.

b Nous (avions / étions) allés en Espagne.

c On (avait / était) arrivé en retard.

d Elle (avait / était) pris un congé.

e Tu (étais / avait) devenu riche.

f Ils (étaient / avaient) pris leur retraite.

3 Conjugue les verbes à l'infinitif passé avec l'auxiliaire « avoir ».

a Il est parti sans .... (*finir*) tout son travail.

b Nous allons faire un stage après .... (*terminer*) nos études.

c Il est parti à la retraite sans .... (*dire*) au revoir à ses collègues.

d Après .... (*lire*) l'annonce, il a posé sa candidature pour le poste.

e J'ai pris des vacances après .... (*être*) licencié.

f Avant d'...................... (*envoyer*) sa candidature, elle a fait une formation professionnelle.

Plus

4 Conjugue les verbes au plus-que-parfait.

a Il .... (*finir*) tout le travail quand je suis partie.

b J'.................... (*parler*) avec mes collègues avant de commencer ma journée.

c J'.............. déjà .... (*décider*) de démissionner quand le patron a proposé de meilleures conditions.

d Ils .... (*déjeuner*) avant de rentrer à la maison.

e Elles .... (*aller*) à la piscine après avoir terminé les cours.

f Il .... (*arriver*) devant son bureau quand le téléphone a sonné.

5 Conjugue les verbes à l'infinitif passé avec l'auxiliaire être.

a Karim a obtenu le poste sans .... (*aller*) à l'entretien d'embauche.

b Elle s'est reposée sans .... (*partir*) en vacances.

c Sarah avait organisé toute sa journée sans .... (*arriver*) en retard au restaurant.

d Après .... (*se lever*) de bonne heure, il est arrivé au travail avant ses collègues.

e Vous êtes contentes d'.................... (*aller*) au cinéma ?

f Je suis surprise d'.................... (*rester*) seule dans cette salle.

6 Transforme les phrases à la forme négative, en utilisant « ne … pas ».

Je suis triste d'avoir déjeuner avec toi.

Je suis triste de ne pas avoir déjeuné avec toi.

a Il est heureux d'avoir parlé de ses problèmes.
....

b Elle est contente d'être allée chez elle.
....

c Je suis surpris d'avoir eu une bonne note.
....

d Il est déçu d'avoir vu ce film.
....

e Elle est triste d'avoir choisi d'étudier les maths.
....

f Je suis stressé d'être allé chez le dentiste.
....

Défi

7 Entoure et corrige les erreurs. Il y en a six !

> Avant de devenir créatrice de mode, Faïza avait travaillé comme vendeur dans un magasin à Genève.
>
> Elle avais décidé de changer de métier puisqu'elle avait envie d'exprimer sa créativité et elle ne s'entendait pas très bien avec ses collègues. Après s'être inscrit à la fac, elle a obtenue une licence professionnelle.
>
> L'année dernière, après avoir fais un stage chez Hermès à Paris, elle a trouvé un poste chez Louis Vuitton. Au début, elle a trouvé le travail très épuisant mais elle s'y est habitué et maintenant elle s'épanouit.

Compréhension et expression

Fondation

1 Tu cherches un petit boulot comme au pair pour une famille à Marseille, pour juillet et août. Remplis le formulaire.

Fiche de candidature	
Nom	
Nationalité	
Date de naissance	
Langues parlées (deux autres langues)	français ………………………… …………………………
Activité sportive préférée	
Qualités personnelles (deux autres qualités)	travailleur / travailleuse ………………………… …………………………
Explique pourquoi tu aimerais passer l'été à Marseille	

Plus/Défi

2   Lis le texte et réponds aux questions.

> ### Un métier insolite : éducatrice de chiens guides
>
> En 2018, j'avais décidé de quitter mon travail d'avocate car j'étais épuisée. Je gagnais beaucoup d'argent mais il y avait tellement de travail à faire et les clients étaient très exigeants. Je n'en pouvais plus ! Après avoir pris cette décision, j'ai été au chômage pendant cinq mois et j'ai eu le temps de réfléchir à ce que je voulais vraiment faire. J'ai toujours adoré les chiens et donc j'ai fait un stage avec un éducateur et j'ai découvert ma passion – éduquer les chiens guides ! En février 2019, j'ai commencé une formation aux métiers du handicap visuel par l'aide animalière à Genève, en Suisse, le pays où j'habite. Afin de réussir les épreuves écrites, j'ai lu beaucoup de livres et j'ai étudié chez moi le soir et le week-end. Il fallait également faire deux stages.
>
> Et si l'on me demandait ce qu'il faut pour devenir éducatrice ? Je dirais qu'il faut avoir de la patience et de la détermination, une bonne condition physique mais surtout de l'empathie et l'envie d'aider.
>
> Maintenant je gagne beaucoup moins d'argent, je dois admettre que ce n'est pas un travail bien rémunéré, mais je m'épanouis – j'ai toujours envie de commencer à travailler le matin et les clients canins ne sont pas difficiles !

a   Sabine avait décidé de démissionner à cause…
   i   de son chef
   ii du salaire
   iii de la quantité de travail

b   Elle a décidé de devenir éducatrice après avoir…
   i   fait une formation
   ii fait un stage
   iii fait des études

c   Sabine a dû…
   i   passer des examens
   ii passer beaucoup de temps à la bibliothèque
   iii aller à l'étranger

d   Elle forme les chiens qui aident les personnes qui…
   i   sont sourdes
   ii sont malvoyantes
   iii utilisent un fauteuil roulant

e   Selon Sabine, si l'on veut devenir éducateur/éducatrice, le plus important, c'est…
   i   d'être sportif
   ii d'avoir de l'empathie
   iii d'avoir un bon sens de l'humour

f   Elle trouve son travail actuel…
   i   gratifiant
   ii dur
   iii fatigant

3 Jeu de rôle. Tu veux travailler dans un magasin de souvenirs en Martinique pendant les vacances d'été. Tu téléphones au centre. Prépare tes réponses aux questions.

   a **Propriétaire :** Vous venez de quel pays, Monsieur/Mademoiselle ?

   ....

   b **Propriétaire :** Parlez-moi de vous – quelles sont vos qualités personnelles (au moins trois) ?

   ....

   c **Propriétaire :** Combien de semaines pouvez-vous travailler dans le magasin ?

   ....

   d **Propriétaire :** Quelle travail voulez-vous faire plus tard ?

   ....

   e **Propriétaire :** Préférez-vous travailler seul(e) ou avec d'autres personnes ? Pourquoi ?

   ....

Vidéo

4 Regarde la vidéo qui est dans le livre de l'élève et réponds aux questions.

   a Écris tous les métiers qui sont mentionnés.
   b Si tu aimes passer la journée dehors, quel métier peux-tu faire ? Pourquoi ?
   c Quels sont les avantages et inconvénients de travailler dans un bureau ?
   d Fais des recherches sur une industrie qui crée beaucoup d'emplois dans ton pays. Écris 80–100 mots sur l'industrie.

Unité 16
C'est la fête

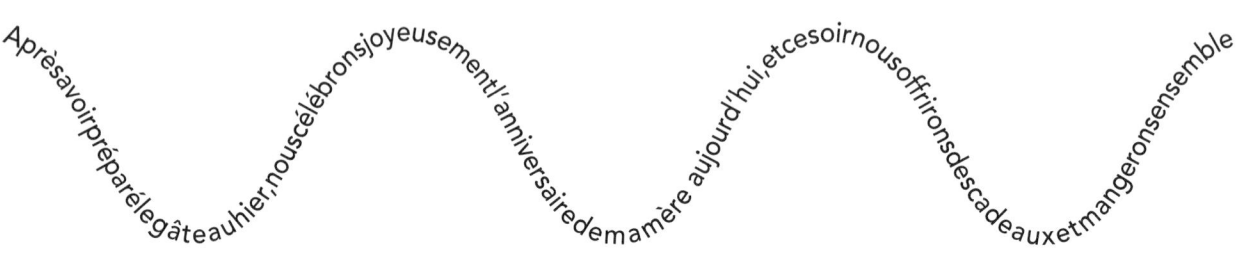

Vocabulaire

Fondation

1 a Sépare les mots et écris le message caché ci-dessous.

Après avoir préparé le gâteau hier, nous célébrons joyeusement l'anniversaire de ma mère aujourd'hui, et ce soir nous offrirons des cadeaux et mangerons ensemble

....

....

b Combien de temps différents trouves-tu dans la phrase ? ....

2 Associe les mots aux images.

| un défilé | des bougies | des cadeaux | un concert |
| un gâteau | des ballons | une invitation | un mariage |

a
....

b
....

c
....

d
....

e
....

f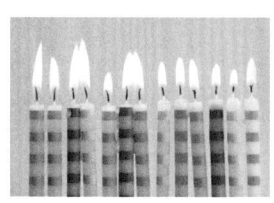
....

g
....

h
....

16 C'est la fête

3 Lis les indices et complète les mots croisés.

Horizontalement

3 On l'allume sur le gâteau d'anniversaire.
5 Endroit où l'on organise une fête, souvent décorée.
7 Objet décoratif souvent gonflé à l'hélium.
8 On envoie cela pour inviter des amis à une fête.
9 On en offre souvent quand c'est l'anniversaire de quelqu'un.

Verticalement

1 Ce que l'on mange pendant une fête.
2 Événement célébré chaque année avec des feux d'artifice et des festivités.
4 Jour spécial où on célèbre l'union de deux personnes.
6 On chante et danse lors de cet événement musical.
10 Musique et danse en plein air lors d'un carnaval.

Plus

4 Relie les débuts et les fins des phrases suivantes puis traduis-les dans ta langue dans ton cahier.

a L'année dernière, nous avons…
b Quand j'étais enfant, ma famille…
c Aujourd'hui, les Québécois…
d L'année prochaine, nous…
e Si je pouvais,…
f Il est important qu'on…

i …j'assisterais au Festival de Cannes pour voir des films.
ii …assisté au carnaval de Nice.
iii …découvre les traditions de la fête du 14 juillet en France.
iv …célèbrent leur fête nationale canadienne en organisant des concerts et des feux d'artifice.
v …irons à Montréal pour participer aux festival de jazz.
vi …fêtait toujours la Chandeleur en préparant des crêpes.

5 Lis le blog de Yassine et entoure la bonne réponse pour chaque phrase.

Salut, je m'appelle Yassine et je viens du Maroc. En juillet dernier, j'ai eu la chance d'assister au Festival du Rire de Marrakech pendant mes vacances. Ce festival est très célèbre et accueille des comédiens du monde entier. Avec mes parents et mon beau-frère, j'ai découvert plusieurs spectacles incroyables. J'ai beaucoup rigolé en écoutant les blagues des artistes et en regardant leurs sketches amusants. L'ambiance était festive et les rues de Marrakech étaient pleines de spectateurs joyeux. Après les spectacles, j'ai savouré des spécialités marocaines comme le tajine et les cornes de gazelle. J'ai aussi rencontré quelques artistes et pris des photos avec eux. C'était une expérience inoubliable ! Je garde de merveilleux souvenirs de ce festival et j'espère pouvoir y retourner l'année prochaine pour encore plus de rires et de découvertes.

a Yassine a assisté au Festival du Rire pendant ses vacances (d'été / d'hiver).
b Ce festival accueille des (chanteurs / humoristes) du monde entier.
c Yassine a regardé des spectacles avec (sa famille / ses amis).
d Pendant le festival, il a beaucoup (parlé / ri) en écoutant les artistes.
e Les rues de Marrakech étaient remplies de spectateurs (heureux / étrangers).
f Après les spectacles, Yassine a mangé des spécialités marocaines comme (le tajine / le maïs).

Défi

6 Complète le texte avec les mots de la liste. **Attention !** Il y a des mots en trop.

| anciennes | costumes | culture | diversité | expositions | feux d'artifice |
| francophone | gastronomiques | histoire | traditions | | |

Les festivals et traditions aident à célébrer la **(a)** .... et à créer des liens entre les gens. Dans les pays francophones, ils font découvrir des coutumes **(b)** ...., des plats **(c)** .... et des formes d'art originales. En France, le 14 juillet célèbre l'histoire avec des **(d)** .... et des défilés. Les rues sont pleines de musique, et les familles mangent ensemble. Au Québec, le Festival de Jazz montre la musique **(e)** .... et les artistes. Les habitants chantent, assistent à des concerts et montrent leur culture. À Dakar, le Festival des Arts Nègres célèbre les cultures africaines avec des **(f)** ...., des danses et du théâtre. Les gens portent des habits traditionnels et sont fiers de leur culture.

> **CONSEIL**
>
> Prédis le type de mot pour compléter le texte. S'il y a « le » ou « la », tu devras trouver un nom.

Grammaire

Fondation

1 Classe les verbes dans le tableau.

- **a** on va fêter
- **b** j'achèterais
- **c** nous avons invité
- **d** il est
- **e** tu as célébré
- **f** vous visiterez
- **g** nous fêtions
- **h** on fêterait
- **i** je vais offrir
- **j** elle est allée
- **k** elles avaient
- **l** nous avons
- **m** tu irais
- **n** vous portez
- **o** je mangeais

Passé composé	Imparfait	Présent	Futur proche/ simple	Conditionnel

2 Associe le pronom personnel au verbe conjugué.

| vais visiter | fêterons | est allés | choisiras | ferez | ouvre |

- **a** nous ....
- **b** vous ....
- **c** il ....
- **d** on ....
- **e** tu ....
- **f** je ....

3 Remplis le tableau avec la bonne forme de chaque verbe à la première personne (je) au passé composé, au présent ou au futur simple.

	Passé composé	Présent	Futur simple
manger			
porter		je porte	
fêter			
choisir			je choisirai
croire	j'ai cru		
boire			
faire		je fais	

Plus

4 Complète les phrases avec le verbe au bon temps (passé composé, présent ou futur simple).

- **a** Chaque année, nous .... (*célébrer*) le Nouvel An avec un grand feu d'artifice.
- **b** L'été dernier, elle .... (*assister*) au festival de musique à Nice.
- **c** Demain, ils .... (*organiser*) une fête pour la fête nationale du 14 juillet.
- **d** À Pâques, les enfants .... (*chercher*) des œufs en chocolat dans le jardin.
- **e** Il y a deux ans, nous .... (*voyager*) au Brésil pour voir le carnaval de Rio.
- **f** Le mois prochain, je .... (*visiter*) les marchés de Noël à Strasbourg.

5 Reformule chaque phrase au temps qui convient le mieux selon l'adverbe temporel donné.

   a   Hier, nous avons fêté Ramadan avec toute la famille.

       L'année prochaine ....

   b   Je vais organiser une grande fête pour mon anniversaire l'année prochaine.

       Hier, ...

   c   Chaque été, il y a un festival de musique dans notre ville.

       L'été prochain, ...

   d   Ils ont assisté au carnaval de Nice l'année dernière.

       Le week-end prochain, ...

   e   Demain, nous célébrerons le Nouvel An avec des feux d'artifice.

       Le mois dernier, ...

   f   À Pâques, les enfants cherchent des œufs en chocolat dans le jardin.

       La semaine passée, ...

Défi

6 Utilisant l'imparfait ou le conditionnel, conjugue les verbes entre parenthèse au bon temps.

   a   Si je .... (*se marier*) en Inde,
       j' .... (*inviter*) au moins 500 personnes à la cérémonie.

   b   Si nous .... (*célébrer*) Noël au Canada,
       nous .... (*profiter*) de la neige et du paysage hivernal.

   c   Si elle .... (*organiser*) un festival de musique,
       elle .... (*attirer*) des artistes du monde entier.

   d   Si nous .... (*participer*) au carnaval de Rio,
       nous .... (*porter*) des costumes éclatants et colorés.

   e   Si tu .... (*préparer*) une fête traditionnelle japonaise,
       tu .... (*inviter*) tes amis à porter des kimonos.

   f   Si je .... (*fêter*) mon anniversaire à Paris,
       je .... (*dîner*) dans un restaurant avec vue sur la tour Eiffel.

Compréhension et expression

Fondation/Plus

1 Jamal et Marie partagent leurs idées sur les fêtes et les festivals dans le monde entier. Lis les blogs et puis décide qui dit chaque déclaration.

> **Jamal : Mon festival préféré**
> Vous avez un festival préféré ? Moi, j'adore le Carnaval de Bâle en Suisse ! Les costumes sont magnifiques et l'ambiance est incroyable. L'année prochaine, j'aimerais assister à un Durbar Festival au Niger. Avant de partir, il faudrait que je me renseigne sur les coutumes et les traditions. Si nous avions plus de temps, nous voyagerions dans le monde entier pour découvrir tous ces festivals !

> **Marie : Mon expérience béninoise**
> Personnellement, je préfère la Fête du Vodoun au Bénin. L'année dernière, j'y suis allée et c'était une expérience unique. Les danses et les rituels étaient vraiment impressionnants. Quand j'ai découvert le Vodoun, j'aurais aimé en savoir plus avant d'y aller. Mais maintenant, je connais mieux son histoire. J'aime voir comment chaque culture célèbre ses traditions.

   a   Qui adore un festival francophone?
   b   Qui a déjà assisté à l'expérience unique avec des danses ?
   c   Qui pense qu'il est important de se renseigner avant d'assister à un festival ?
   d   Qui regrette de ne pas avoir mieux connu l'histoire du festival avant d'y assister ?
   e   Qui aime les fêtes traditionnelles ?

2 Jeu de rôle. Tu assistes à un mariage.
   Prépare des réponses possibles aux questions suivantes.

   a   **Ami :** Quel jour est le mariage ?

       Vous : ....

   b   **Ami :** Et à quelle heure commence la cérémonie ?

       Vous : ....

   c   **Ami :** Qu'est que tu vas mettre pour la cérémonie ?

       Vous : ....

   d   **Ami :** Qu'est-ce que tu as acheté comme cadeau de mariage pour le couple ?

       Vous : ....

   e   **Ami :** Aimes-tu les fêtes ? Pourquoi ?

       Vous : ....

16 C'est la fête

Plus/Défi

3 Josiane parle de l'ancienne « Fête de la Gastronomie Francophone ». Lis le texte et réponds aux questions.

> Coucou ! Ici Josiane ! La Fête de la Gastronomie, aussi appelé « Goût de France », est un événement du passé que j'attendais avec impatience chaque année. En tant que Québécoise, j'adore découvrir les saveurs du monde francophone tout en comparant avec notre cuisine locale. Lors de l'édition précédente, j'ai goûté un délicieux rougail de La Réunion et un poulet yassa du Sénégal. Ces plats étaient incroyablement épicés et savoureux, bien différents de la poutine et du pâté chinois que nous mangeons souvent ici au Canada. Il fallait que les chefs préparent leurs recettes avec soin afin de respecter les traditions culinaires.
>
> Normalement, les visiteurs avaient l'occasion de déguster des plats variés et assistaient à des démonstrations de cuisine. Les chefs partageaient leurs techniques, tout comme nos cuisiniers québécois le font avec nos spécialités, comme la tourtière ou le sirop d'érable. J'espère que le festival aura bientôt lieu à Montréal, et j'espère qu'il mettra aussi en avant notre gastronomie locale. Nos plats sont souvent simples mais délicieux, et il serait formidable que plus de visiteurs découvrent la richesse de notre cuisine franco-canadienne. Si j'avais déjà participé en tant que cuisinière, j'aurais présenté notre fameux « pouding chômeur » !

- **a** Quel est l'autre nom pour le « Festival de la Gastronomie » ?
- **b** Pourquoi Josiane attendait-elle cet événement avec enthousiasme chaque année ? (2 détails)
- **c** Quels plats a-t-elle goûtés lors de l'édition précédente ? (2 détails)
- **d** Comment décrit-elle ces plats comparés aux spécialités canadiennes ? (3 détails)
- **e** Pourquoi était-il essentiel que les chefs préparent leurs recettes avec soin ?
- **f** Que pouvaient faire les visiteurs pendant le festival en plus de déguster des plats variés ?

4 Écris quelques phrases pour répondre aux questions. Puis, entraîne-toi à lire ce que tu as écrit à haute voix pour travailler ta prononciation française.

- **a** Comment fêtes-tu ton anniversaire normalement ?
- **b** Quel est ta fête/ton festival francophone préféré(e) ? Pourquoi ?
- **c** Pourquoi est-il important, à ton avis, de célébrer les traditions et les coutumes de son pays et de sa culture ?

Vidéo

5 Regarde la vidéo qui est dans le livre de l'élève et réponds aux questions.

- **a** Que font les Français à minuit le 31 décembre pour célébrer la Saint Sylvestre ?
- **b** Pourquoi mange-t-on des lentilles dans certaines régions d'Italie à l'occasion du Nouvel An ?
- **c** À ton avis, quelle tradition de Nouvel An parmi celles évoquées te semble la plus originale ? Explique ton choix.
- **d** Penses-tu qu'il est important de célébrer le Nouvel An ? Pourquoi ? Pourquoi pas ?

Unités 15 et 16
Révise

1 Les lettres de chaque case se trouvent sous le puzzle.

Les lettres sont tombées sous les colonnes ! Reconstruis le message original en remettant les lettres au bon endroit.

2 Passé composé ou imparfait ? Entoure la bonne réponse.

   a Quand nous (sommes arrivés / arrivions) à la salle de réunion, les décorations étaient déjà installées.

   b Hier, ils (ont porté / portaient) des tenues élégantes pour la soirée.

   c Pendant que (j'ai discuté / je discutais) avec mon collègue, le DJ a changé la musique.

   d L'année dernière, nous (avons célébré / célébrions) l'anniversaire de notre chef avec un grand buffet.

   e Il y a deux ans, ils (ont organisé / organisaient) un karaoké pendant la fête.

   f Lorsque la cérémonie (s'est terminée / se terminait), tout le monde a applaudi.

3   C'est quelle fête ? C'est quel festival ? Lis les descriptions de ces fêtes et festivals francophones et choisis la bonne réponse. Il faut peut-être effectuer quelques recherches en ligne pour t'aider.

> Carnaval de Québec   Fête nationale française (14 juillet)
> Francofolies   Semaine de la langue française et de la Francophonie
> Carnaval de Nice

a   Ce festival célèbre la fin de l'hiver avec des défilés colorés et des costumes impressionnants. Il marque le début d'une période plus calme et réfléchie avant une grande fête religieuse. Celui qui se déroule dans le sud-est de la France est particulièrement célèbre. ....

b   Chaque année, cette fête hivernale rassemble les habitants et les touristes autour de sculptures de glace, de courses en canot sur une rivière glacée et de nombreuses activités en plein air. Le personnage emblématique de l'événement porte une ceinture rouge. ....

c   Cette journée commémore un moment historique où le peuple s'est révolté contre l'injustice et a commencé un grand changement politique. Elle est célébrée avec des feux d'artifice, des défilés militaires et des festivités dans tout le pays. ....

d   Cet événement met en avant la richesse de la langue et de la culture francophone à travers le monde. Il encourage les échanges culturels entre différents pays et permet aux artistes, écrivains et musiciens francophones de partager leurs œuvres. ....

e   Ce festival musical est connu pour ses concerts spectaculaires qui attirent des milliers de personnes chaque année. Il propose des spectacles variés, du jazz aux chansons contemporaines, et son ambiance festive le rend incontournable dans le monde francophone. ....

4 a Conjugue les verbes au temps correct et écris à quel temps est conjugué le verbe.

Chaque été, des centaines de jeunes **(a)** .... (*travailler*) dans des festivals de musique. L'année dernière, j' **(b)** .... (*avoir*) la chance de participer à l'organisation d'un grand festival. Au début, je **(c)** .... (*ne pas savoir*) exactement quelles seraient mes tâches, mais j' **(d)** .... (*apprendre*) rapidement.

Les organisateurs m' **(e)** .... (*demander*) de m'occuper de l'accueil des artistes. C' **(f)** .... (*être*) une expérience fantastique ! Si j' **(g)** .... (*pouvoir*), je **(h)** .... (*revenir*) chaque année. L'année prochaine, je **(i)** .... (*essayer*) de postuler à un festival encore plus grand.

Grâce à cette expérience, je **(j)** .... (*comprendre*) mieux le monde de l'événementiel et je pense que cela **(k)** .... (*m'aider*) dans ma future carrière. Ce **(l)** .... (*être*) incroyable !

a	....	g	....
b	....	h	....
c	....	i	....
d	....	j	....
e	....	k	....
f	....	l	....

b Quel titre convient le mieux au sens du texte ? Entoure la bonne réponse.

　　i　Travailler dans un festival : une expérience inoubliable

　　ii　Les difficultés du monde de l'événementiel

　　iii　Comment organiser un festival de musique

> Unités 13 à 16
Prêt ?

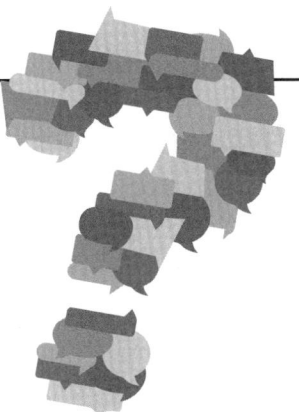

Lis

1 Lis les textes. Puis, pour chaque question, choisis le texte (a, b ou c) qui correspond le mieux.

a Lucas, 17 ans

Je suis en terminale et je prépare mon bac. À l'avenir, j'aimerais devenir professeur d'anglais. J'adore les langues et j'ai eu la chance de participer à un échange scolaire en Irlande. Cette expérience m'a vraiment motivé à travailler dans l'éducation.

b Cara, 18 ans

Je travaille comme apprentie dans une entreprise de design tout en continuant mes études. Ce n'est pas toujours facile de combiner travail et formation, mais je pense que cela me donne une bonne préparation pour mon avenir professionnel.

c Émilienne, 16 ans

Cette année, notre lycée a organisé une semaine des langues. On a découvert plein de choses sur différentes cultures et j'ai essayé de parler en espagnol avec un groupe d'élèves en échange. Cela m'a donné envie de voyager plus tard.

i	Cette personne fait une formation tout en travaillant.
ii	Cette personne veut enseigner plus tard.
iii	Cette personne a participé à une activité scolaire internationale.
iv	Cette personne pense que ses matières préférées l'aideront dans sa future carrière.
v	Cette personne voit les langues comme une opportunité de découvrir le monde.
vi	Cette personne parle de la difficulté de gérer ses études et son travail.

Écris

2 Écris environ 80–90 mots en français à propos de tes matières préférées. Fais attention au temps du verbe pour chaque question !

- Quelles sont tes matières préférées à l'école ?
- Décris ton/ta professeur(e) de français.
- Penses-tu qu'il est important d'apprendre des langues vivantes ? Pourquoi ?
- Qu'est-ce que tu voudrais étudier à l'université et pourquoi ?

CONSEIL

Lorsque tu réponds à une question d'expression écrite, assure-toi de lire attentivement la question et d'y répondre avec autant de détails que possible, en utilisant le temps verbal approprié ! Il faut inclure des opinions dans ta réponse.

3 Le samedi, tu travailles dans la bibliothèque de ta ville. Écris un e-mail à un(e) ami(e) canadien(ne) pour lui en parler. Écris 130–140 mots en français.

    a Fais une petite description de la bibliothèque.

    b Explique pourquoi tu voulais travailler dans cette bibliothèque.

    c Quelles tâches t'intéressent le plus dans ce travail ?

    d Raconte un incident qui t'a amusé(e).

    e Décris le travail que tu voudrais faire à l'avenir.

Parle

4 Jeu de rôle. Tu assistes à une fête d'anniversaire en France. Tu téléphones à ton ami(e) français(e) pour le/la prévenir. Réponds aux questions.

    a Allô ! C'est quel jour la fête d'anniversaire?

    b Qu'est-ce que tu aimes faire pendant les fêtes ?

    c Est-ce que tu as déjà assisté à une fête ? C'était comment ?

    d Qu'est-ce que tu vas apporter comme cadeau ? Pourquoi ?

    e À quelle heure veux-tu arriver ?

5 Conversation générale. Thème : Les langues et le monde de travail. Entraîne-toi à répondre à ces questions à l'oral avec aux moins deux phrases pour chaque réponse. Fais attention au temps de chaque question !

    a Quelle(s) langue(s) parles-tu ? Avec qui ?

    b Depuis quand apprends-tu le français ?

    c Décris les avantages de parler une langue étrangère.

    d Qu'est-ce que tu as fait récemment pendant tes cours de français ?

    e À l'avenir, est-ce que tu préférerais trouver un emploi en France ou dans ton pays ? Pourquoi ?

Lis

6 Lis le texte et entoure la bonne réponse.

> Aujourd'hui, parler plusieurs langues est un grand avantage sur le marché du travail. Le bilinguisme permet d'accéder à plus d'opportunités et d'améliorer la communication entre personnes de cultures différentes.
>
> De nombreuses entreprises recherchent des employés capables de parler anglais et français. Par exemple, dans des sociétés internationales comme Airbus ou L'Oréal, les employés doivent souvent communiquer avec des collègues et des clients du monde entier. Être bilingue permet donc de travailler à l'étranger, d'obtenir un meilleur salaire et de trouver des postes plus prestigieux.
>
> Les festivals jouent aussi un rôle dans la compréhension culturelle. Pendant des événements comme le Festival de Cannes ou la Fête de la Musique, des professionnels de plusieurs pays se rencontrent et échangent des idées. Ces moments sont essentiels pour apprendre à travailler avec des collègues d'autres nationalités et découvrir de nouvelles façons de penser.
>
> Shaista, 18 ans, parle couramment le français et l'hindi. « Être bilingue m'a déjà ouvert beaucoup de portes. Grâce à mon niveau de français, j'ai trouvé un stage dans une entreprise internationale. Je peux aussi communiquer avec des gens du monde entier, ce qui est incroyable ! Les langues sont plus qu'un outil professionnel, elles permettent aussi de comprendre d'autres cultures et de célébrer leurs traditions, comme le Diwali. Apprendre une langue étrangère, comme le français, est un investissement pour l'avenir. Cela permet non seulement de mieux communiquer, mais aussi d'avoir plus de succès dans le monde professionnel. »

a Parler plusieurs langues est avantageux pour…
  i voyager plus facilement
  ii impressionner les amis
  iii avoir plus d'opportunités professionnelles
  iv apprendre plus vite

b Le bilinguisme permet…
  i de ne parler qu'une seule langue au travail
  ii d'améliorer la communication interculturelle
  iii d'éviter les conflits professionnels
  iv de se spécialiser en informatique

c Les entreprises recherchent des gens qui parlent…
  i espagnol et italien
  ii allemand et russe
  iii anglais et français
  iv arabe et chinois

d Un avantage du bilinguisme est…
  i d'avoir plus de jours de congé
  ii de travailler à l'étranger
  iii d'apprendre plus rapidement à conduire
  iv de mieux comprendre les mathématiques

e Le rôle des festivals comme le Festival de Cannes est de/d'…
  i promouvoir la gastronomie française
  ii favoriser la compréhension entre cultures
  iii accueillir des artistes célèbres seulement
  iv enseigner les langues aux touristes

f Le bilinguisme a permis à Shaista de/d'…
  i trouver un stage dans une entreprise internationale
  ii organiser un festival culturel
  iii voyager seule en Inde
  iv apprendre à jouer d'un instrument

7 Lis le texte et choisis le bon mot pour compléter la phrase.

Chaque année, notre lycée organise une semaine culturelle pour célébrer la diversité linguistique et les traditions du monde entier. Les élèves peuvent participer à des ateliers de cuisine, assister à des présentations sur différents pays, et même pratiquer des langues étrangères comme l'espagnol ou le chinois. C'est une excellente occasion de découvrir comment les langues facilitent la **(a)** .... entre les cultures.

L'événement a également un lien avec le monde du travail. De nombreux anciens élèves reviennent pour partager leurs expériences dans des entreprises internationales où la **(b)** .... de plusieurs langues est essentielle. Un ancien étudiant, Marc, a expliqué comment le fait de parler anglais et allemand lui a permis d'obtenir un **(c)** .... dans une grande entreprise automobile.

Des conférences sont aussi organisées sur l'importance de l'éducation dans une société **(d)** .... Les enseignants encouragent les élèves à continuer leurs études et à **(e)** .... les matières qui les passionnent.

À la fin de la semaine, un festival est organisé, avec de la musique, de la danse et un buffet international préparé par les **(f)** .... de terminale. Ce moment festif permet à chacun de **(g)** .... ce qu'il a appris, tout en s'amusant. C'est un projet qui montre que les langues, l'éducation et la culture sont des outils **(h)** .... pour construire un avenir ouvert et solidaire.

- **a** compétition / communication / comparaison / collaboration
- **b** maîtrise / prononciation / découverte / création
- **c** diplôme / congé / stage / exposé
- **d** ouverte / historique / mondiale / fermée
- **e** approfondir / oublier / corriger / remplacer
- **f** enseignants / élèves / visiteurs / serveurs
- **g** critiquer / célébrer / traduire / conserver
- **h** puissants / coûteux / amusants / différents

> Acknowledgements

The authors and publishers acknowledge the following sources of copyright material and are grateful for the permissions granted. While every effort has been made, it has not always been possible to identify the sources of all the material used, or to trace all copyright holders. If any omissions are brought to our notice, we will be happy to include the appropriate acknowledgements on reprinting.

Thanks to the following for permission to reproduce images:

Cover Marc Guitard/Getty Images For our cover image we have chosen a hummingbird native to islands like Guadeloupe and Martinique, to represent the vibrancy and diversity of francophone countries and regions.

Inside **Welcome Unit** Gabriel Mello/GI; Sasirin Pamai/GI; MirageC/GI; S-S-S/GI; **Unit 1** Mikroman6/GI; Aleksei Morozov/GI; Kbeis/GI; Mikroman6/GI; Hredasova Olha/GI; **Unit 2** Igoriss/GI; Elvetica/GI; Isiddheshm/GI; Andreas Von Einsiedel/GI; Malerapaso/GI; **Unit 3** Forest_strider/GI; StudioGraphic/GI; AKO/GI; Mellutto/GI; Saowakhon Brown/GI; Kutaytanir/GI; Simonkr/GI; **Unit 4** LokFung/GI; Yotto/GI; Abscent84/GI; Alle12/GI; Nitas/GI; Tetiana Lazunova/GI; Oana Szekely/GI; Wichansumalee/GI; Natasha Lazaridi/GI; Monkeybusinessimages/GI; Hill Street Studios/GI; MesquitaFMS/GI; Floortje/GI; Devita Ayu Silvianingtyas/GI; Bortonia/GI; S-S-S/GI; Ramanouskaya/GI; Farbai/GI; Mack15/GI; NebojsaKuzmanovic/GI; Elenabs/GI; By-Studio/GI; AGfoto/GI; Kevin Brine/GI; **Unit 6** Malerapaso/GI; Anilyanik/GI; MirageC/GI; Peter Dazeley/GI; Tanja Ivanova/GI; Istetiana/GI; Shell_114/GI; **Unit 7** JDawnInk/GI; Illustrator De La Monde/GI; Jacques Julien/GI; **Unit 8** Peter Dazeley/GI; Rambo182/GI; Den-Belitsky/GI; Daniel Garrido/GI; Saro17/GI; Iconqueen/GI; Formatte/GI; Fendy Hermawan/GI; Marina Akinina/GI; Eyewave/GI; Isiddheshm/GI; Igor Suka/GI; dongfeang zhao/GI; **Unit 9** Sanja Baljkas/GI; Orpheus26/GI; Grace Maina/GI; MrPliskin/GI; **Unit 10** Geography Photos/GI; Viktor Cvetkovic/GI; PeopleImages/GI; Geography Photos/GI; Westend61/GI; -Slav-/GI; Maica/GI; Westend61/GI (x2); J Studios/GI; Andriy Onufriyenko/GI; **Unit 11** GrafikLab/GI; Ali Kahfi/GI; The Burtons/GI; Connect Images/GI; Ivan Bajic/GI; George Pachantouris/GI; **Unit 12** Jacques Loic/GI; Alexander Spatari/GI; Francesco Riccardo Iacomino/GI; Bo Zaunders/GI; Miniseries/GI; Zhaorui Zhang/GI; Creative Crop/GI; **Unit 13** Skodonnell/GI; Mix and Match Studio/GI; Mphillips007/GI; **Unit 14** Pakin Songmor/GI; Calvindexter/GI; Leonarth/GI; Nora Carol Photography/GI; **Unit 15** Timandtim/GI; AlexSecret/GI; Yaorusheng/GI; Jacqueline Anders/GI; **Unit 16** Domin_Domin/GI; RuthBlack/GI; Richard Hutchings/GI; Flashpop/GI; Grafner/GI; Anastasiia Bid/GI; Jasenka Arbanas/GI; Docinets Vasil/GI; Daniel Bartus/GI; Manel Salud/GI; Pongnathee Kluaythong/GI; Jacques Julien/GI; Franckreporter/GI; filo/GI; Andresr/GI; Kevin Trimmer/GI

Key: GI = Getty Images

We would also like to thank Céline Durassier for her invaluable contribution to this book.